www.ingramcontent.com/pod-product-compliance
Lightning Source LLC
LaVergne TN
LVHW021235080526
838199LV00088B/4531
9789369083046

نشاط و غم

(غزلیات)

صادقؔ اندوری

© Taemeer Publications LLC

Nishat-o-Gham *(Poetry Collection)*
by: Sadiq Indori
Edition: January '2025
Publisher :
Taemeer Publications LLC (Michigan, USA / Hyderabad, India)

ISBN 978-93-6908-304-6

مصنف یا ناشر کی پیشگی اجازت کے بغیر اس کتاب کا کوئی بھی حصہ کسی بھی شکل میں بشمول ویب سائٹ پر اَپ لوڈنگ کے لیے استعمال نہ کیا جائے۔ نیز اس کتاب پر کسی بھی قسم کے تنازع کو نمٹانے کا اختیار صرف حیدرآباد (تلنگانہ) کی عدلیہ کو ہو گا۔

© تعمیر پبلی کیشنز

کتاب	:	**نشاط و غم** (غزلیں)
مصنف	:	**صادق اندوری**
صنف	:	شاعری
ناشر	:	تعمیر پبلی کیشنز (حیدرآباد، انڈیا)
سالِ اشاعت	:	۲۰۲۵ء
صفحات	:	۲۰۴
سرورق ڈیزائن	:	تعمیر ویب ڈیزائن

خوش لباسی تو ایک لعنت ہے
کھول کر سینہ بانکپن سے چلو

(آخری شعر)

فہرست

آئے نہ اجل۔۔۔۔۔	1
حمد	33
غزل فارس	35
آخری نامکمل غزل	37

غزلیں

1	38
2	40
3	42
4	44
5	46
6	48
7	50

52	8
54	9
56	10
58	11
60	12
61	13
63	14
65	15
68	16
69	17
71	18
73	19
75	20
77	21
79	22
80	23
82	24
84	25
86	26
88	27

90	28
92	29
94	30
96	31
98	32
100	33
102	34
104	35
106	36
108	نوائے پارینہ
166	نقوشِ منتشر

آئے نہ اجل۔۔۔۔۔

تم میرے قتل پہ آمادہ ہو، اچھا! لیکن
میں بزرگوں کی دعاؤں سے جیوں گا برسوں

مگر افسوس کہ بزرگوں کی دعائیں کام نہ آئیں اور والد محترم جناب صادق آندوری ۳۱ جنوری ۱۹۸۶ء کی صبح ہم کو سوگوار چھوڑ گئے۔ مرحوم اکثر جمعہ کے دن کوئی جنازہ دیکھتے تو کہا کرتے کہ مرنے والا جنتی ہے کہ جمعہ کے مبارک دن وفات پائی۔ ۳۱ جنوری بھی جمعہ کا ہی مبارک

دن تھا اور اسی لیے متعلقین نے بعد نماز جمعہ جنازے کی نماز کے بعد مہوناکہ قبرستان، اندور میں زمین کی امانت کو زمین کے سپرد کر دیا۔ میں ملازمت کے سلسلے میں عرصے سے دور ہوں ہی۔ شومیِ قسمت کہ یکم فروری کی صبح ہی میں نے اپنا مستقر شیلانگ چھوڑا اور میگھالیہ کے ہی ضلع مشرقی گارو ہلس کے ایک دور افتادہ علاقے میں اپنے سالانہ کارِ میدان (Field Work کا یہ مرحوم کا ہی ترجمہ ہے۔ حالانکہ میرے میدان یعنی ارضیات میں یہ کارِ کوہِ گراں ہی ہوتا ہے۔) کے لیے روانہ ہوا۔ والدہ اور بہن بھائی حسب معمول علی گڑھ میں تھے اور پچھلے سال سے والد یہ سوچ رہے تھے کہ مستقلاً علی گڑھ واپس چلے جائیں اور ہرنیا کا دوسرا آپریشن وہاں ہی کرائیں جو ۱۹۷۰ء میں علی گڑھ میں ہی پہلے کرا چکے تھے۔ مگر دونوں مجموعوں کی اشاعت آڑے آئی۔ قارئین کی نظروں سے 'نشید' اور 'نقوشِ خاموش' شاید گزر چکی ہوں۔ غزلوں کا پہلا مجموعہ 'نشید' (تاریخی نام 'نشیدِ غزل' لیکن بعد میں اس کو مادّے کے بغیر محض نشید کر دیا) مدھیہ پردیش اردو اکادمی نے اپنے اہتمام سے شائع کیا تھا اور نظموں کا مجموعہ 'نقوشِ خاموش' فخرالدین

علی احمد میموریل کمیٹی لکھنؤ کے مالی تعاون سے خود شائع کیا تھا۔ غرض ہمارا خاندان بکھرا ہوا ہی تھا اور اب بھی ہے۔ والد، جن کو ہم بہن بھائی ابّی صاحب کہتے تھے، اپنی والدہ کے انتقال پر اندور گئے تو اپنی بہنوں کو معیت دینے کی غرض سے اور پھر کچھ شاگردوں کی محبت اور اصرار کے باعث اندور میں ہی قیام پذیر ہو گئے۔ جڑیں ان کی وہاں ہی تھیں کہ اندور سے ہجرت کئے ہوئے عرصہ ہی کتنا ہوا تھا۔ ہم سب کو اس کا غم زیادہ ہے کہ دم رخصت ہم میں سے کوئی ان کے پاس نہیں تھا۔ میں تو جیسا کہ لکھ چکا ہوں کہ دور افتادہ مقام پر تھا۔ اندور سے مجھے شیلانگ ٹیلیگرام دیا گیا اور علی گڑھ سے بھی۔ اندور سے بھیجا تار شاید پہنچا ہی نہیں مگر علی گڑھ سے جو بہن نے ٹیلیگرام دیا، وہ ایک دوست کو مل گیا اور انھوں نے پھر مجھے تار دیا تو مجھے ۱۴ فروری کو اطلاع ملی۔ میری پریشانی کا سوچ کر بہن نے بیماری کی نزاکت کا لکھا تھا جو کہ میرے دوست نے بھی من و عن مجھے مطلع کیا۔ مگر اس میں کیونکہ ابی صاحب کی جگہ صرف ABBI لکھا تھا میں اسی وقت سے یہ سوچ رہا تھا کہ غالباً ٹیلیگرام میں امی کا ابی ہو گیا ہے کہ ابی صاحب تو اچھے بھلے

تھے اور پھر مجھے علی گڑھ کیوں بلایا جائے۔ ۱۸ فروری کو جب علی الصبح علی گڑھ پہنچا تو اس حادثے کی اطلاع ملی۔ کسی کو یقین نہیں آ رہا تھا۔ صحت ایسی تھی کہ اب بھی روزانہ 4-3 کلومیٹر پیدل اپنی قیام گاہ ارجن پلٹن سے رانی پورہ، اپنے 'شعری مستقر' (کلکتہ کی زبان میں 'اڈے') جایا کرتے تھے۔ ۳۰جنوری ۱۹۸۶ء کو بھی یہی معمول رہا۔ اگرچہ، جیسا کہ مجھے بتایا گیا، اس شام ان کو شانوں میں شدید درد محسوس ہوا جو کوئی دس منٹ بعد ٹھیک ہو گیا۔ خود بھی اس کی کوئی فکر نہ کی۔ مگر ۳۱جنوری کی منحوس صبح کو جاگے تو سینے میں درد کی شدت تھی کہ فوراً نرسنگ ہوم لے جایا گیا مگر دستِ چارہ گر سے پہلے دستِ اجل نے ان کو چھو لیا۔

؎

آئے نہ اجل میں نے یہ تاویل بہت کی
اے عمرِ رواں تو نے تو تعجیل بہت کی

۶۸ برس کی عمر بھی کوئی عمر ہوتی ہے۔ غالباً یہ قلبی حملہ تھا۔ ورنہ وہ صرف ہرنیا اور بواسیر کے مریض تھے جو کہ جان لیوا تو نہیں ہوتے۔ امی مستقلاً بیمار ہی رہتی ہیں اور کہا کرتی تھیں کہ ان کے سارے

خاندان میں شوہر بیویوں سے پہلے فوت ہوتے ہیں مگر وہ بیوہ ہونے کی بجائے یہ خاندانی روایت توڑیں گی۔ خدا ان کا سایہ ہمارے سر پر سلامت رکھے مگر والد مرحوم نے اس خاندانی روایت کا اس طرح احترام کیا جس طرح وہ ہر صالح روایت کا احترام کرتے آئے تھے موت کا بھی۔ اپنی آخری مکمل غزل (۱۵ جنوری ۱۹۸۶ء) کے دو اشعار ہیں

آدمی کتنے ہیولے ہی بنا کر رکھے
موت پھر موت ہے جب آئی تو ڈرنے سے رہی

آخری وقت ہے مختل ہوئے جاتے ہیں حواس
ایسے میں میری خودی کام تو کرنے سے رہی

اس میں کوئی شک نہیں کہ دم واپسیں تک نہ صرف ان کے حواس درست تھے بلکہ کچھ حد تک قوی بھی اور خودی کا عالم بھی وہی تھا۔ میں نے ابی صاحب کی ملازمت کی درخواستیں نہیں دیکھیں مگر میرا خیال

ہی ہے کہ ان درخواستوں کے تیور بھی شاہد ایسے ہی رہے ہوں جیسے کہ وہ کسی سے التجا نہیں کر رہے بلکہ اپنا حق طلب کر رہے ہیں۔ کچھ اسی وجہ سے ان کی ملازمت چھوٹی بھی۔ سرکاری افیون کے کارخانے کی ملازمت تو آزادیِ ہند سے پہلے کی بات اور میری پیدائش سے بھی۔ اس کا صرف میں نے ذکر سنا ہے یا کاغذات دیکھے ہیں۔ میرے بچپن میں تو وہ اندور آئرن اینڈ سٹیل ایسوسی ایشن میں ہی بطور کلرک رہے اور مینجر سے اس وجہ سے ناراض ہو کر مستعفی ہو گئے کہ ان سے جونیر اسٹاف کی ترقیاں ہو چکی تھیں اور تنخواہیں بڑھ چکی تھیں مگر ان کے عہدے یا تنخواہ میں خاطر خواہ ترقی نہیں ہوئی تھی۔ یہ بات 1966 کی ہے اس کے بعد 1969 تک ملازمت کی کچھ کوششیں ضرور کیں۔ کم از کم اخباروں میں اشتہارات دیکھ کر درخواستیں دینے کی حد تک مگر اس سلسلے میں اپنے اثر ورسوخ کا استعمال نہیں کیا اور نہ کسی کی خوشامد سے کام نکالنے کی کوشش کی۔ غرض بے کار ہی رہے۔ ادھر اندور کا بڑا مکان فروخت کر کے والدہ وہاں کوئی اور مکان خریدنا یا بنوانا چاہ رہی تھیں۔ یہ ذاتی مکان جو رانی پورہ مین روڈ پر تھا، محض اپنی چار

منزلوں کی اونچائی کی وجہ سے بڑا تھا، رقبے میں نہیں، اور امی شروع سے ہی اپنے (اور ابی صاحب کے) آبائی وطن جاؤرہ (ضلع رتلام، مدھیہ پردیش) کی طرز کے کھلے آنگنوں والے مکان کو ترستی رہیں۔ رانی پورہ روڈ والے مکان کو فروخت کر کے بخشی کالونی میں مکان خریدنے کے لیے بیع نامہ تک ہو گیا تھا، مگر اس مکان پر قبضہ نہ مل سکا۔ حالت یہ ہو گئی کہ پہلے کم از کم رانی پورہ روڈ والے مکان کی دو منزلوں کا کرایہ آتا تھا، یا اب رہنے کا ہی ٹھکانہ نہ تھا۔ ادھر 1968ء سے میں برائے تعلیم علی گڑھ مسلم یونیورسٹی چلا گیا تھا اور بہن (عاتکہ فرزانہ) بھی اندور سے بی اے مکمل کر کے علی گڑھ سے ہی ایم اے کرنے کی خواہش رکھتی تھیں۔ چنانچہ سارا سامان باندھا گیا اور علی گڑھ ہجرت کی گئی۔ یہ امید بھی تھی کہ شاید وہاں کچھ ملازمت کا سلسلہ ہو جائے اور وہاں ہی مکان بنایا یا خریدا جائے۔ مگر شروع میں وہاں کچھ نہ ہو سکا۔ بلکہ آخر تک۔ نہ ملازمت نہ مکان۔ اور پھر ڈھائی سال بعد ہی ابی صاحب مرحوم دادی صاحبہ کے انتقال پر اندور گئے تو پھر علی گڑھ محض عارضی طور پر واپس آئے۔ کچھ دن بعد ہی میں ایم ایس سی

سے فارغ ہو کر کچھ عرصے وظیفے پر تحقیق کر کے علی گڑھ مسلم یونیورسٹی کے شعبۂ ارضیات میں ہی لکچرر ہو گیا تھا۔ اس کے بعد نہ انھوں نے خود ہی ملازمت کی کوشش کی اور نہ ہی اس کی ضرورت باقی رہی تھی۔

قویٰ کی مضبوطی کی بات میں نے ابھی لکھی تھی۔ یوں تو آخر وقت تک پیدل چلتے رہے۔ مگر پچھلے کئی سالوں سے کبھی کبھی یہ ضرور ہوتا کہ پیٹھ یا کمر میں درد ہو جاتا یا گھٹنوں کے جوڑوں میں اکڑ۔ یادیں ان کی وہی تصویر بتاتی ہیں کہ ایک ہاتھ کمر پر رکھے، اور ایک ہاتھ سر پر بالوں کو سنوارتے ہوئے (جو ان کی عادت تھی۔ ایک اور عادت تھی ابروؤں کو حرکت دینا) اپنے مخصوص لہجے میں باتیں کر رہے ہیں۔ آسمانی قمیص اور سفید پائجامہ پہنے۔ گھر میں ہمیشہ پائجامہ اور قمیص ہی پہنا۔ کرتا نہیں اور قمیص میں بھی آسمانی رنگ ہی زیادہ مرغوب تھا۔ ۷۲ء کے آس پاس تک تو باہر جاتے وقت قمیص اور پتلون (شرٹ اور پینٹ کے الفاظ انھوں نے کبھی استعمال نہیں کیے۔ انگریزی سے بہت عمدہ واقفیت کے باوجود روز مرہ گفتگو میں انگریزی الفاظ کے

اردو مترادف ہی استعمال کرتے تھے) مگر بعد میں باہر جاتے وقت شیروانی پہن لیتے۔ جوتا ہمیشہ بغیر فیتوں والا پمپ پہنا اور بغیر موزوں کے۔ ہفتے میں دو دن پابندی سے شیو کرتے تھے۔ ویسے میرا خیال ہے کہ اگر ابھی ملک الموت کچھ اور مہلت دے دیتا تو شاید داڑھی بھی رکھ لیتے۔ نمازوں کے تو پابند ہو ہی گئے تھے۔ ادھر 5۔ 7 سالوں سے۔۔۔ روزے تو انہوں نے کبھی قضا نہیں کیے۔ پہلے قرآن مجید صرف رمضان میں ہی پڑھا کرتے تھے مگر آخر عمر میں تو روزانہ کا معمول بنا لیا تھا۔ بے حد تیزی سے کلام پاک پڑھتے تھے کہ شاید 20۔ 25 منٹ میں دو پارے، پڑھ لیتے۔ اور مہینے میں دو قرآن تو ختم کر ہی لیتے تھے۔

نمائش سے چڑ تھی۔ اور سادگی اور صاف گوئی مزاج میں کوٹ کوٹ کر بھری تھی۔ ایک واقعہ یاد آ رہا ہے جو پچھلے دنوں ہی پیش آیا تھا اور مجھے حال ہی میں اندور میں سنایا گیا۔ اندور کے مسلمانوں میں اکثریت جہلا کی ہے۔ ویسے بہت سے بفضل خدا دولتِ دنیا کے مالک بھی ہیں۔ ایسے ہی ایک صاحب گیارہویں کی فاتحہ پر بے شمار نہیں بلکہ

خاص طور پر گن کر دیگیں پکواتے تھے کہ اگلی فاتحہ تک عوام میں شہرہ رہے کہ فلاں صاحب کے گھر میں فاتحہ تھی اور ماشاء اللہ اتنی دیگیں زردہ پلاؤ کی بنیں اور اتنے سو یا اتنے ہزار لوگوں کی دعوت کی گئی۔ شومیِ قسمت کہ یہ صاحب اس موقع کے لیے مرحوم کو خود مدعو کرنے آئے۔ صاف گو بلکہ منہ پھٹ تو تھے ہی (انہی صاحب کا ہی شعر ہے ؎ ڈھونڈنے سے بھی مل نہ سکے گا۔ صادقؔ جیسا انساں منہ پھٹ) پہلے تو یہ تقریر کی کہ اسلام کی رو سے جو فرائض ہیں ان کی ادائیگی تو پوری کی جاتی۔ اور اس قسم کی فاتحاؤں پر زور دیا جاتا ہے جن کی شرعی حیثیت بھی مشکوک ہی ہے اور پھر اس کی وجہ خود ہی بیان کرتے ہوئے ان صاحب کی نمائش پسندی پر غصے میں کھری کھری سنا دیں اور آخر ان صاحب کی دعوت میں نہیں گئے۔ یوں بھی وہ ایسی دعوتیں قبول نہیں کرتے تھے جہاں بریانی پلاؤ وغیرہ کھانا پڑے کہ چاول وہ کھاتے نہیں تھے۔ بچپن میں جو بیماری لاحق ہو گئی تھی (جس کا ذکر 'نقوش خاموش' میں تفصیل سے درج ہے) تو حکیم روحیؔ ٹونکی صاحب جن کے علاج سے شفا ہوئی تھی، کی ہدایت تھی کہ بیگن اور

چاول سے سخت پرہیز کیا جائے جو آخر تک کرتے رہے کوئی مدعو کرتا تو یا تو معذرت کر لیتے یا پھر صاف گوئی سے یہ شرط عائد کر دیتے کہ چاول نہ ہوں۔ چنانچہ بریانی پلاؤ کی دعوتوں میں بھی ان کے لئے چپاتیوں کا انتظام کیا جاتا یا نان و شیرمال منگوائے جاتے۔

کھانے کا بھی مخصوص انداز تھا۔ دسترخوان پر چپاتی رکھ کر ایک نوالہ توڑتے پھر اس کے دو حصے کرتے۔ ایک ٹکڑے کو دوسرے پر رکھ کر نوالہ بناتے اور سالن کی پلیٹ میں ڈالتے۔ بے حد آہستہ آہستہ کھاتے۔ ملازمت کے دوران صرف کھانے کے اوقات میں ہی گھر میں رہتے تھے اور ہم لوگوں سے گفتگو بھی دسترخوان پر ہی ہوتی۔ (بعد میں تو دوپہر کے کھانے سے شام پانچ ساڑھے پانچ بجے تک گھر میں ہی رہتے تھے) اور یہاں مجھے ان کی گفتگو اور خاص کر داستان گوئی کا انداز یاد آ رہا ہے۔ چاہے اپنی بیماری کا قصہ ہو یا بزرگ شاعر مولانا سُہا مجدّدی کا ذکر جن کو کسی دوکان پر ابی صاحب مرحوم نے بچہ سمجھ کر گود میں اٹھا کر الگ ہٹا دیا تھا (مولانا بے حد پستہ قد تھے)۔ ہر قصہ اسی طرح دھیرے دھیرے سناتے جس رفتار سے کھاتے جاتے۔ ہم

لوگ 'آگے کیا ہوا' کے تجسس میں بور ہونے لگتے کہ انتظار کرنا پڑتا۔ کب منہ کا نوالہ ختم ہو جو وہ گفتگو کا سرا پکڑیں۔ ادھر نوالہ ختم کیا۔ ادھر دوسرا نوالہ توڑتے ہوئے گفتگو کا سرا پھر وہاں سے ہی پکڑتے جہاں سے چھوڑا تھا۔ بعض اوقات ہم بھول جاتے تھے کہ بات کہاں تک پہنچی تھی۔ مثلاً ''حکیم غریق صاحب مرحوم نے اطلاع دی کہ ایک بزرگ ٹونک سے آئے ہوئے ہیں۔۔۔'' (نوالہ منہ میں۔ خاموشی۔ ہم سامعین اس طویل وقفۂ خاموشی میں بھول جاتے کہ آخری جملے میں ایک بزرگ کا ذکر شروع ہو گیا ہے) پھر نوالہ ختم کر کے ''۔۔۔۔ گورا رنگ۔ میانہ قد۔۔۔۔'' اور پورا حلیہ بیان کیا جاتا۔ اگلے نوالے کے وقفہ خاموشی کے بعد تیسرے نوالے پر پتہ چلتا ''محمد ابراہیم خاں نام تھا۔ شاعر آدمی تھے۔ بزرگ اور پیر طریقت بھی۔ روحیؔ تخلص کرتے تھے۔۔۔'' اب آپ سوچ سکتے ہیں کہ ان روحیؔ صاحب کے علاج اور اس سے والد مرحوم کے افاقے کی کہانی نے کتنا طول کھینچا ہو گا۔ حافظہ مگر غضب کا تھا۔ اگر ٹیپ ریکارڈر پر ان کی یہ گفتگو ریکارڈ کی جاتی اور خاموشی کے وقفوں میں ٹیپ بند کر دیا جاتا

پھر بعد میں Play کرنے پر بھی مکمل تسلسل کا احساس ہوتا۔ ہمارے اسکول کے ساتھی گھر آتے یا آخر عمر میں جو بچیاں اندور میں درس قرآن لینے آتیں، سب کا نام پتہ۔ والدین کا نام، پتہ، پیشہ۔ ساری مکمل معلومات حاصل کرلیتے۔ اور یہ نہیں کہ لمحاتی طور پر معلوم کر کے بھول جاتے ہوں۔ یاد بھی رکھتے تھے۔ خاص طور پر ''مثبت'' تفصیلات۔ کسی کے خاندان میں کوئی شخص کافی تعلیم یافتہ رہا ہو تو دوسروں سے ''تعارف'' کراتے اور فخر سے ذکر کرتے۔ ''اس کے باپ تو بے چارے زیادہ نہیں پڑھ سکے مگر چچا۔۔۔۔ معلوم ہے۔ فلاں جگہ کے سول سرجن ہیں!!'' اعلیٰ تعلیم یافتہ کی قدران کے مزاج میں بہت تھی۔ کوئی اگر ڈاکٹریٹ کرلیتا تو ضرور اسے 'ڈاکٹر' کہہ کر مخاطب کرتے۔ قابل احترام شخص ہونے پر (عمر کے لحاظ سے نہیں، رتبے کے لحاظ سے) 'ڈاکٹر صاحب' کہتے اور کوئی نوعمر بھی ہوتا جس کا نام لے کر پکار سکتے تھے، اس کے نام کے ساتھ بھی ڈاکٹر شامل کر کے پکارتے۔

میرے بچپن میں ایک قطعہ مجھ کو اور ایک بہن کو لکھ کر دیا تھا۔ کوئی بھی مہمان آتا تو ہم دونوں کو بلانے اور حکم دیتے کہ قطعہ سناؤ۔۔۔ میں شروع ہو جاتا۔

آم کھاتے ہیں کاٹ کاٹ کے ہم
کبھی طوطا پری کبھی نیلم
آم کھا کھا کے کہتے ہیں اعجاز
اے خدا۔ یہ رہے سدا موسم

(اپنی شاعری میں لفظ 'سدا' بمعنی ہمیشہ استعمال کرنا پسند نہیں کرتے تھے)

بہن صاحبہ کے قطعے کا عنوان تھا 'جامن'۔۔ قطعات سنوا کر ہم دونوں پر اس طرح فخر کرتے کہ ہم کو خود بھی لگنے لگتا کہ یہ شاعری ہم سے ہی "سرزد" ہوئی ہے۔ میرا اسی زمانے میں ایک کھیل یا مشغلہ تھا۔ میں بچوں کے ایک رسالے کا پرنٹر پبلشر ایڈیٹر اور کاتب ہوا کرتا تھا۔ ننھے منے سائز (3 انچ ضرب 4 انچ) کے 16 یا 32 صفحات کا یہ رسالہ

"بازیچۂ اطفال" کہلاتا۔ یہ نام بھی ابی صاحب مرحوم کا ہی مجوزہ تھا۔ 'اطفال' تک تو ہمارا علم کام کرنے لگا تھا (حالانکہ میری عمر 7۔ 8 سال رہی ہوگی)۔ مگر 'بازیچۂ اطفال' چہ معنی دارد! وہ تو ہوش سنبھالنے پر معلوم ہوا کہ یہ تیر غالبؔ کے ترکش کا ہے۔ اس تحریری ماہنامے میں کچھ کہانیاں تو ماہنامہ 'کھلونا' دہلی سے 'ڈائجسٹ' کی جاتیں (مصنف کے اپنے نام کے ساتھ) باقی میری ہی تحریر ہوتی۔ ایک ٹوٹی پھوٹی نظم۔ ایک آدھ کہانی۔ اور اپنے اس رسالے میں اپنا ایک 'ناول' بعنوان "لالو کی گائے" قسط وار شائع کرتا تھا۔ وہ بھی اس طرح کہ ہر شمارے کی تازہ قسط تازہ تازہ ہی راست کتابت کی جاتی۔ جب ابی صاحب نے یہ دیکھا کہ میں ہمہ وقت اسی رسالے کی 'اشاعت' میں لگا رہتا ہوں تو ایک دن خوب ڈانٹا بھی۔ پیٹا بھی اور تازہ شمارہ پرزے پرزے کر دیا۔ میں خوب رویا۔ کچھ دیر بعد ہی ان کو رحم آگیا۔ سنسر شپ ختم کی۔ اور مجھے بلا کر اپنی اسٹیشنری میں سے ایک پورا دستہ کاغذ کا مجھے دیا۔ پھر میری خوشی کا کیا ٹھکانہ تھا، 'بازیچۂ اطفال' کا خاص نمبر شائع کیا گیا۔ اور "لالو کی گائے" کی باقی ساری

قسطیں اس میں شائع کر دیں۔ یہ تو خیر بچپن کی یاد آگئی تھی۔ میری پہلی تخلیق پندرہ روزہ 'نور' رام پور میں چھپی تھی۔ 1959ء میں۔ آگے پیچھے دو تخلیقات 'نور' میں شائع ہوئیں۔ مائل خیر آبادی کے ہی انداز میں ایک کہانی نما مضمون ''اِلّو مِلّو اور ہم'' اور ایک نظم جس کا عنوان تو یاد نہیں پہلا مصرعہ تھا ''اچھائی اپنانا ہے''۔ بہت مسرت کے ساتھ اپنے احباب سے اس کا ذکر کرتے۔

تقریباً 7۔8 سال تک تو میں بچوں کا ہی ادیب اور شاعر رہا۔ اس کے بعد 66۔ 67ء سے ''بڑوں'' کے کارواں میں شامل ہو گیا۔ میری شاعری کی منہ پر تعریف تو نہیں کرتے تھے، مگر جب رسائل میں چھپنا شروع کیا اور ریڈیو (اردو سروس، اے۔ آئی۔ آر۔ دہلی) کے پروگرام ایک کے بعد ایک ملنے شروع ہوئے تو بے حد فخر سے اس کا ذکر دوسروں سے کرتے۔ مرحوم کو 'نئے ادب' سے روشناس کرنے کا سہرا کچھ میرے سر ہے، چاہے اسے خود ستائی کہا جائے۔ اور میں بھی اس سلسلے میں برادرم جاوید حبیب (مدیر ''ہجوم'' دہلی اور مسلم یوتھ لیڈر) کے واسطے ''شبخون'' کے رابطے کا مرہون منت

ہوں۔ 67۔ 66۔ میں ایک روز نامہ اندور سے نکلتا تھا ''سفیر مالوہ''۔ جس کے مالک و مدیر عبد الغفور مجاہد صاحب تھے مگر ڈیسک عزیز بھائی (عزیز اندوری صاحب) کے سپرد تھی۔ ہفتہ وار بچوں کے صفحے 'کھلتی کلیاں' کی ادارت مَیں کرتا تھا اور خواتین کے صفحے 'عالم نسواں' کی ادارت امی صاحبہ کے ذمے تھی (اس صفحے میں بھی میرا عمل دخل کافی تھا)۔ اس سلسلے میں تعلق ہوا جاوید حبیب سے جو کہ ان صفحات میں لکھا کرتے تھے۔ اور جب ان کے گھر آنا جانا ہوا (وہ انور علی صاحب۔ پرنسپل اسلامیہ کریمیہ ڈگری کالج، جن کو ابی صاحب نے ہمیشہ 'ڈاکٹر صاحب کہا، کے گھر میں مقیم تھے) تو انور صاحب کے نام آنے والے 'شبخون' سے بھی تعارف ہوا۔ اور دارجلنگ چائے بھی منہ سے لگی۔ 'شب خون' کے پرچے گھر میں بھی لاتا۔ اور اس طرح ناصر کاظمی۔ ظفر اقبال اور منیر نیازی وغیرہ سے میں بھی واقف ہوا اور ابی صاحب بھی۔ ویسے گھر میں محترم اعجاز صدیقی مرحوم کی رفاقت کی بنا پر ''شاعر'' ابی صاحب کے نام ہمیشہ آتا تھا۔ چاہے سالانہ قیمت عرصے تک نہ بھیجی جائے۔ ابی صاحب کی فکر، خیال اور

زبان و بیان میں جدت تو تھی ہی (نام نہاد جدیدیت کے فلسفوں۔ وجودیت وغیرہ کی طرف اشارہ نہیں ہے) جس شخص نے یہ اشعار اپنی ابتدائی عمر کی شاعری میں کہے ہو۔

لپٹ نہ جائے کہیں آرزوئے آوارہ
ہر ایک گام پہ دامن بچا رہے ہو تم
(1939)

الٰہی خیر ہو، لٹتی ہے دنیا میری آنکھوں کی
سر نوک مژہ پھر گوہر یک دانہ آتا ہے
(1940)

صادقؔ جب اس سے آتش دل ہی نہ بجھ سکی
اب اور کیا امید رکھیں چشم تر سے ہم
(1944)

صادقؔ مآل گریۂ الفت نہ چھپ سکا
دامن میں بھر گئے ہیں ستارے کبھی کبھی
(1946)

اور جس زمانے میں وہ رات کا بے نوا مسافر کہہ رہا تھا۔

روئے ہم موسم بہار کے بعد
اب کی پت جھڑ میں کتنے پھول کھلے

۔۔اور۔

یہ شب یہ خیال و خواب تیرے
کیا پھول کھلے ہیں منہ اندھیرے

(ناصر کاظمی)

اس دور میں صادق آندوری کہہ رہے تھے۔

نیند اڑی اور جذبے جاگے
سوئے ہوئے سب لمحے جاگے
صبح سے پہلے صبح ہوئی ہے
پچھلے پہر متوالے جاگے

(1954)

خوابیدہ راستے تھے تو گرم سفر تھے لوگ
جاگے جو راستے تو مسافر ہی سو گئے

(1960)

پھول کھل اٹھے ڈگر ڈگر پر
سن کر تیرے پاؤں کی آہٹ

(1959)

اک دن چھینی جائے گی
سرخی بھی افسانے سے

(1958)

سلگ رہے ہیں تری یاد کے دیئے دل میں
اجڑ چکا ہے یہ گھر، پھر بھی ہم کو پیارا ہے

(1957)

جب علی گڑھ آئے تو کچھ شعری مجموعے میرے پاس تھے اور کچھ میں لائبریری سے لاتا رہتا تھا۔ تو وہ بھی پڑھتے رہے۔ 'برگِ نے' (ناصر کاظمی) اور 'جنگل میں دھنک (منیر نیازی) بڑے شوق سے پڑھیں۔

بعد میں شاگردوں کو مشورہ دیتے کہ کلاسیک (میر و غالب سے جوش و جگر تک) کے بعد ترقی پسندوں میں فیض اور اس کے بعد ناصر کاظمی کو ضرور پڑھو۔ روایت کا احترام بہر حال مزاج میں تھا۔ 1965 میں کہا تھا۔

چراغ کہنہ بجھانے سے فائدہ کیا ہے
نئے چراغ کی لرزیدہ روشنی ہے ابھی

ان کا مسلک یہی رہا تھا کہ۔

کچھ صلح کل ایسا ہے مسلک مرا اے صادقؔ
سب ہی مری نظروں میں اپنے نہ پرائے ہیں

1969ء میں جب بانی مرحوم نے اپنی کتاب 'حرف معتبر' مجھے ڈاک سے بھیجی تو اسے پڑھ کر بانی کو بھی اس فہرست میں ناصر کے بعد شامل کر لیا تھا۔ ''دل فگار رینڈھک'' (بقول قرۃ العین کے ایک افسانوی کردار) والی شاعری ضرور ناپسند تھی۔ مقصد ان کی شاعری کی تنقید یا ان کو 'جدید' شاعر ثابت کرنا نہیں ہے صرف اتنا ہی کہ انھوں نے ذہن کے دروازے ہمیشہ کھلے رکھے۔ علامت کا استعمال کم کیا اور

تشبیہ اور استعارے کو ہی ترجیح دی۔ یہی وجہ ہے کہ ان کے یہاں 'وقت کا سورج' اور یادوں کا عَلم' جیسی ترکیبیں ملتی ہیں۔ ترکیبوں کے معاملے میں تو غالب کے پیرو تھے۔ فارسی اور عربی کے عالم تو تھے ہی۔ نئی نئی ترکیبیں نکالتے۔ ذو اضافتی اور سہ اضافتی۔ ایک اچھا شعر یاد آگیا۔

زندگی سلسلۂ کرب سے تعبیر سہی
پھر بھی اک شائبۂ عشرتِ جاں ہوتا ہے

ان کے کھلے ذہن کی شاعری کے کچھ نمونے اور پیش کرنے کی اجازت دیں۔

کچے زخموں سے مرا جسم سجا کر صادقؔ
میرے ماحول نے رنگین قبا دی ہے مجھے

چاندنی کی سجی سجائی رات
بیت احزاں میں لا کے رکھ دی ہے

تجھ سے منہ پھیر کے میں آج بہت ہی خوش ہوں
تو مرے ساتھ رہا ہے غمِ دنیا برسوں

بستی میں ہیں پھیلے ہوئے تاریک خرابات
اونچائی پہ روشن کسی معبد کا کلس ہے

ہر شہسوار بھول گیا اپنے داؤ پیچ
ایک مرد پختہ کار جو میداں میں ڈٹ گیا

موضوعات میں تکرار ضرور تھی۔ کئی کئی اشعار میں ایک ہی خیال نظم کیا ہے مگر اکثر ندرت بیان کے ساتھ۔ ان کی شاعری کی بقیہ خصوصیات ناقدین کے سپرد کرتے ہوئے صرف یہ کہوں گا کہ موضوعات کے اعتبار سے یہ اشعار نمائندہ کہے جا سکتے ہیں اور زبان و بیان کے لحاظ سے بھی۔

عرش تک آج آ گیا صادقؔ
اپنے شہ پر کو دیکھتا ہوں میں

زہے مشق تصور زندہ باد اے دل کے کاشانے
انہیں ان کی بھی نظروں سے چھپا کر ہم نے دیکھا ہے

اک معبدِ مخصوص محبت کے سہارے
دنیا کے طریقوں سے جدا ہم نے بنایا

بناؤ اپنے لیے اک نیا نظام حیات
سیاست دگراں کے نشاں بدل ڈالو

مدد اے عزم جادہ پیمائی
دور منزل ہے، پا پیادہ ہوں

صادقؔ نہیں محفل میں کوئی رمز شناس
بیکار یہ سب آپ کی تقریریں ہیں

وجود ہست عدم کا نقیب ہوتا ہے
یہ بات ذہن میں بے فیض و بے صلہ رکھنا

جھوٹ پھر جھوٹ رہا سچ کے مقابل صادقؔ
ان گنت لوگوں نے قرآن بھی سر پر رکھا

نہ سنگلاخ ہے ہر گز، کبھی کرخت نہیں
وفا کی راہ پہ آئینِ جہد سخت نہیں

اپنی جرأت سے کنارے پہ ابھر آیا ہوں
چھوڑ کر آتے تھے طوفاں تہِ دریا مجھ کو

مانا کہ حسن دوست بہت منتظر رہا
لیکن بہ ہر حجاب خراب نظر رہا

جب عاشقی جنون کی حد گزر گئی
ہر آرزوئے مردہ کی عقبیٰ سنور گئی

صادقؔ دیارِ دوست میں موت آ گئی مجھے
قسمت پہ ناز کر تری مٹّی سدھر گئی

زبان و بیان اور عروض کے ماہر تو تھے ہی۔ فارسی اور عربی الفاظ میں آخری 'ی' نہ گرے۔ اسی بنا پر ایک مصرعہ طرح تھا جس میں 'رعنائی' قافیہ اور 'دے گیا، ردیف تھی۔ پوری غزل میں اس بنا پر خالص اردو/ہندوستانی قوافی استعمال کیے (انگنائی۔ پروائی)۔ خیال کتنا ہی جدید ہوتا، مگر اسی طرح ادا ہوتا کہ ''میرے ماحول نے رنگین قبا دی ہے مجھے'' عام الفاظ ایسے جیسے کی بجائے 'بہ این شکل' اور 'بہ

ایں طور' استعمال کر کے مزید مشکل پسندی کا ثبوت دیتے۔ زبان و عروض کے بارے میں کچھ باتیں اور یاد آ گئی ہیں۔

ایک تو ہم لوگ بھی ابی صاحب کے نام آئے خطوط خود کھول لیتے اور پڑھ بھی لیتے۔ یا پھر جس وقت وہ شاگردوں کے کلام پر اصلاح کر رہے ہوتے تو میں پاس بیٹھ کر وہ کلام دیکھنے لگتا۔ عام غلطیوں کی نشان دہی میں کر دیتا تو خوش ہوتے۔ ''یہ جذباتوں 'کیا ہوتا ہے؟'' میں طنزیہ طور پر کہتا تو ہنستے اور کہتے 'گدھا ہے۔'' یہ ان کی مخصوص گالی تھی جس میں پیار کا عنصر بھی شامل تھا اپنے اس شاگرد کے لیے جس کے کلام کے بارے میں گفتگو ہوتی۔ پھر مجھے بھی عروضی غلطیوں کے بارے میں بتاتے۔ فلاں لفظ مذکر ہے، اسے مؤنث باندھ دیا ہے۔ اس لفظ کا تلفظ تقطیع میں غلط ہے، غلطی میں 'ل' ساکن نہیں۔ غَلَطی صحیح ہے۔ 'سِمت' صحیح نہیں 'سَمت' ہے۔ تنہا استعمال کیا جائے تو 'راہ' صحیح ہے 'رہ' نہیں، مگر ترکیبی طور پر جائز ہے جیسے رہِ نجات، راہگزر کی املا 'ز' سے ہے۔ کچھ لوگ غلطی سے 'ذ' سے کرتے ہیں اور 'راہ گذر' لکھتے ہیں۔ کہاں تک گناؤں۔ ایک غلطی تو میں خود

اوپر کی ایک سطر میں کر گیا ہوں۔ ابی صاحب کے اصول کے مطابق۔ وہ 'بسکوت' کبھی نہیں لکھتے تھے۔ ہمیشہ 'بہ سکوت' لکھا۔ 'بہ ہر طور' نہ کہ 'بھر طور'۔ اگر اس کتاب میں قارئین کو کہیں 'بہ' کی بجائے صرف 'ب' نظر آئے تو اسے میری نقل کی 'غلطی' پر محمول کیا جائے (کہ میں اسے جائز قرار دیتا ہوں)۔ اس سلسلے میں ایک بات اور یاد آ گئی۔ 'ہ' پر ختم ہونے والے فارسی عربی الفاظ (زمانہ، آئنہ، پروانہ) کے بعد 'سے' 'کا' اور 'میں' جیسے الفاظ ہوں تو تلفظ یہی ہو جاتا ہے کہ آئنے میں، زمانے کا۔ پروانے سے'۔ ابی صاحب کی املا مگر ہمیشہ آئنہ میں' اور زمانہ کا' ہی رہی۔ (نشاط و غم کی ترتیب و نقل کے دوران یہ 'تغلیط' میں نے جان بوجھ کر کی ہے)۔ ابی صاحب کی توجیہ غالباً یہ ہوتی کہ فارسی عربی الفاظ کے آخر کی 'ہ' کا گِرنا فصیح ہے۔ اور اگر املا 'زمانے' 'پروانے' کی جائے اور تقطیع 'زمان' 'پروان' ہو تو 'ے' گر جائے گی جو عروضی غلطی ہے۔ میں نے ترتیب میں عروض کی بہ نسبت بول چال کا زیادہ خیال رکھا اور اکثر اس آخری 'ہ' کو 'ے' سے تبدیل کر دیا ہے جس کو مرحوم شاید قبول نہ کرتے، اکثر لوگ 'ناطہ'

(بمعنی 'رشتہ' لکھتے ہیں۔ مگر وہ کہتے تھے کہ یہ نہ عربی لفظ ہے اور نہ فارسی لفظ۔ خالص اردو ہندی لفظ ہے، پھر اس میں طا (ط) کہاں سے آ گئی! اسے 'ناتا' لکھتے۔ اکثر الفاظ اپنے اصل عربی اور فارسی معانی میں استعمال کرنے۔ 'اصولوں' کے بارے میں کہتے کہ 'اصول' خود اصل کی جمع ہے۔ مگر قافیے کی مجبوری ہو تو 'اصولوں' قابل قبول ہے (مگر 'مکروہ') کہ معانی اردو میں مختلف ہو گئے ہیں۔

مادۂ تاریخ نکالنے میں کمال حاصل تھا۔ عرصے سے بہ طور تھا کہ محرم آتا اور بلکہ اکثر اس سے پہلے بھی نئے سال ہجری کے تاریخی ناموں کی فہرست بتاتے۔ 15۔15 عدد لڑکوں اور لڑکیوں کے ناموں کی۔ اکثر بچوں کی پیدائش کے موقعے پر ان سے نام پوچھے جاتے اور یہ فہرست کام آتی۔ اپنی پہلی کتاب ''نشید'' کا بھی اصل نام تاریخی تھا۔ نشید غزل۔ مگر یہ کتاب مادہ تاریخ کے حساب سے 1401 ھ میں شائع نہ ہو سکی۔ پھر بعد میں ان کو بھی شاید محض 'نشید' پسند آ گیا اور پھر 'نشید' کے نام سے ہی کتاب شائع ہوتی۔ خود مجھ کو جب اس مجموعے کی اشاعت کے سلسلے کی خبر خط میں دی تو 'نشید' کے معنی بھی ساتھ

میں لکھے ''گانے کی آواز'' کہ ممکن ہے کہ میں واقف نہ ہوں (جو حقیقت تھی) اور لغت میرے پاس نہ ہو (یہ بھی سچ تھا)۔ لیکن دوسرے مجموعے کا نام تاریخی ہی رکھا تھا۔ ''نقوشِ خاموش'' (1403 ھ۔ جو کہ 1406 ھ میں ہی چھپ سکی)۔ ''نظارۂ حرم'' (1404 ھ۔ جسے ابھی شائع کیا جانا ہے) اور نشاط و غم' (1406 ھ۔ جو دم تحریر جاری ہے۔)

مرحوم کا المیہ یہی رہا کہ وہ عزت، شہرت نہ ملی جس کے وہ واقعی حق دار تھے۔ ماحول سے ناقدری کے شاکی رہے کہ اندور میں ان کے علم و دانش کی پذیرائی کرنے والا کوئی نہ تھا۔ علی گڑھ میں وہ زیادہ عرصے رہے بھی نہیں۔ اور پھر ان کا تعلق یونیورسٹی سے نہیں تھا۔ اگر وہ وہاں لکچرر یا ریڈر ہوتے تو وہاں کے حلقے میں عزت پاتے۔ ان گنت مقطعوں میں یہی رونا رویا ہے۔

اگلے وقتوں کے ایسے لوگ اب کہاں پیدا ہوتے ہیں۔ اب وہ خمیر ہی ختم ہو چلا جس سے ایسی ہستیاں تعمیر کی جاتی تھیں۔ یہ نسل اب گزر گئی۔ مدھیہ پردیش کا ادبی ماحول ایک اہل فن سے محروم ہو گیا کہ ہر

صغیر کا ادب ابھی ان کا شناسا بھی نہ ہوا تھا۔ شاید ہو بھی جاتا مگر اجل نے تعجیل کر دی۔

اس گفتگو کو اس خطاب پر ختم کرتا ہوں جو مرحوم نے روح غالبؔ سے کیا تھا۔

مری حیات ہے شہرت کی سد راہ مگر
کہ مجھ کو مردہ پرستوں نے گھیر رکھا ہے
مرے حریف ہوں کیوں معترف مرے فن کے
کہ دوستوں نے ہی جب مجھ سے بیر رکھا ہے

میں جانتا ہوں کہ مرنے کے بعد اہل وطن
سند کے واسطے میرا کلام دیکھیں گے
لکھیں گے مجھ پہ مقالات، دن منائیں گے
مرا ہنر، مرا فن، میرا کام دیکھیں گے

فنا کے بعد ہے مقسوم اگر بقائے دوام
تو کیوں نہ موت کے آنے سے پہلے مر جاؤں
میں منتظر ہوں ترا روحِ غالبؔ مرحوم
اشارہ تیرا جو پاؤں، یہ کام کر جاؤں

اعجاز عبید

12/ تا 21/ مارچ 1986ء

حمد

زبانِ خلق یہ کہتی ہے کبریا ہے تو
تمام ارض و سماوات کا خدا ہے تو
وجود ہے مرا آغاز اور عدم انجام
بہ خلفشار وہ ہے جس سے ماورا ہے تو
طلب پہ ہی نہیں موقوف تیرا فیض عمیم
ہر ایک شخص کو بے مانگے دے رہا ہے تو
ہر ایک چیز نے پائی ہے ابتدا مجھ سے
ہر ایک چیز کی لاریب انتہا ہے تو
"نہ ابتدا کی خبر ہے نہ انتہا معلوم"
ازل ابد کے تعین پہ چھا گیا ہے تو

بہت قریب سے مجھ کو پکارنے والے
بہت ہی دور سے مجھ کو پکارتا ہے تو
نہ پھیر اپنی نگاہیں غریب صادقؔ سے
کہ ایک شاعر بے کس کا آسرا ہے تو

غزل فارسی

خاکستری بنام خدا حرز جاں طلب
از ورطۂ غبار حیات جواں طلب

بر تو کتاب سرّ ازل وا کشادہ است
بہر سکون یکے ورق ضو فشاں طلب

بشکن کہ ایں حصار زمانہ چوں ظلمت است
بہر متاع زیست شرار نہاں طلب

گم کردہ اند راہ رفیقان سست گام
از جد و جہد جادۂ منزل رساں طلب

بر جان تو نہادہ بلندیِ روز گار

بگزار ارض و اوج ثریا نشاں طلب

دشمن بجور درپئے آزار جان تست

خواہی کہ ذی اگر کرم دوستاں طلب

ماحول وقت لطف کند بر دِل فگار

بر خیز۔ از علاج غم جاوداں طلب

شمع وفا فسردہ شد است از نگاہ دوست

یک صاعقہ برائے دل ناتواں طلب

در مان رخم کہنہ بجز لطف دوست نیست

اے دل فگار ازاں نگہ کامراں طلب

صادقؔ چوں خواہی تیر گیٔ ہجر کم شود

یک برق دل نواز پئے آشیاں طلب

آخری نامکمل غزل

غم کی ہر کائنات بھیگ گئی
تم جب آئے تو رات بھیگ گئی

جب تر و تازہ تیرے ہونٹوں کی
بات نکلی تو بات بھیگ گئی

پاس رہتے ہوئے بھی دور رہے
باتوں باتوں میں رات بھیگ گئی

تم نے کیا چھو لیا محبت سے
سر سے پا تک حیات بھیگ گئی

سر منڈاتے ہی پڑ گئے اولے
سجتے سجتے برات بھیگ گئی

**

غزلیں

1

زندگی غم کے اندھیروں میں سنورنے سے رہی
ایک تنویر حیات آج ابھرنے سے رہی

میں پیمبر نہیں انسان ہوں خطا کار انساں
عرش سے کوئی وحی مجھ پر اترنے سے رہی

میں نے کر رکھا ہے محصور چمن کی حد تک
شاخ تا شاخ کوئی برق گزرنے سے رہی

لاکھ افکار و حوادث مجھے روندیں بڑھ کر
جو وفا مجھ کو ملی ہے، کبھی مرنے سے رہی

آدمی کتنے ہیولے ہی بنا کر رکھے
موت پھر موت ہے، جب آئی تو ڈرنے سے رہی

آخری وقت ہے مختل ہوئے جاتے ہیں حواس
ایسے میں میری خودی کام تو کرنے سے رہی
ہر طرف ہے چمن زار پہ ظلموں کا حصار
کوئی معصوم کلی آج نکھرنے سے رہی
گھیر رکھا ہے ہر اک سمت سے طوفانوں نے
میری کشتی تو کبھی پار اترنے سے رہی
صادقؔ اس موڑ پہ لے آتے ہیں حالات ہمیں
موج احساس ذرا آج ٹھہرنے سے رہی
**

(جنوری 1986، آخری مکمل غزل)

2

مہک رہا ہے بدن سارا، کیسی خوشبو ہے

یہ تیرے لمس کی تاثیر ہے کہ جادو ہے

تمھارا نرم و سبک ہاتھ چھو گیا تھا کبھی

یہ کیسی آگ ہے، سوزاں ہر ایک پہلو ہے

ہے کس قدر متوازن نگاہ و دل کا ملاپ

کہ جیسے دونوں طرف ایک ساں ترازو ہے

رواں دواں ہے جدائی کا کرب یہ کیسا

وہ مطمئن، نہ مجھے اپنے دل پہ قابو ہے

زمانہ کہتا ہے جس کو حسین تاج محل
وفا کی آنکھ سے ٹپکا ہوا اک آنسو ہے
بہت حسین ہے ماحول زندگی صادقؔ
نظر کے سامنے جب سے وہ آئینہ رو ہے
(اکتوبر 1985)

**

3

نہ تم جدا ہو نہ میں جدا ہوں
تم آئینہ میں بھی آئینہ ہوں
سکوں مسافر کو دے رہا ہوں
شجر اکیلا ہی رہ گیا ہوں
لکیریں پانی پہ کھینچتا ہوں
حیات کی شرح لکھ رہا ہوں
مجھے حوادث نہ ڈھا سکیں گے
میں سنگ بنیاد بن چکا ہوں
ہر اک طرف گھور اندھیرا پھر بھی

سراغ منزل کا پا رہا ہوں
کوئی مری گرد پائے گا کیا
ہوا کی صورت گریز پا ہوں
زمانہ کو راہ مل رہی ہے
اک ایسا تابندہ نقش پا ہوں
ہر ایک پتّی اداس کیوں ہے
یہ دیکھتا ہوں، یہ سوچتا ہوں
کہیں ملے فن کا درک صادقؔ
تلاش میں عمر بھر رہا ہوں
(ستمبر 1985)

***

4

کیا ہوا ایسا تمہارے شہر میں
میرا ہے چرچا تمہارے شہر میں
میری دل پُرسی کی خاطر ہی سہی
کوئی تو ہوتا تمہارے شہر میں
ہو گئی مسدود ہر راہ فرار
حشر وہ اٹّھا تمہارے شہر میں
کرب پیہم کرب تنہائی کے بعد
کیوں نہ میں ٹوٹا تمہارے شہر میں
میری سوچوں میں ہے وہ عکس جمال
میں نے جو پایا تمہارے شہر میں

تم کو بے دیکھے مرے دل نے تمہیں
ٹوٹ کر چاہا تمہارے شہر میں
سنتے ہیں کوئی مریض لا علاج
ہو گیا اچھا تمہارے شہر میں
ڈھونڈھنے نکلے تو اے صادقؔ کوئی
کیا نہیں ملتا تمہارے شہر میں

(جولائی 1985)

**

5

کچھ ٹیڑھی میڑھی سطریں، فسانے میں کچھ نہ تھا
جب تجزیہ کیا تو سنانے میں کچھ نہ تھا
نظروں کے راستے میں نہ سورج نہ کوئی چاند
سناٹے کے سوا تو زمانے میں کچھ نہ تھا
اک آہ، ایک کرب اور اک درد اضطراب
کیوں کر کہوں کہ دل کے خزانے میں کچھ نہ تھا
دور اک الاؤ تھا کہ کسی کی چتا کا ڈھونگ
دیکھا قریب سے تو جلانے میں کچھ نہ تھا
جُز اک حدیث درد، تو پھر میرے ہم جلیس
کیوں مجھ پہ زور دیتے، سنانے میں کچھ نہ تھا

حد نگاہ تک تھا ضیافت کا اہتمام
میزیں سجی سجائی تھیں، کھانے کو کچھ نہ تھا
پہلے ہی سے ہر ایک مکاں ہو چکا تھا ڈھیر
پھر پانی لے کے آگ بجھانے میں کچھ نہ تھا
صادقؔ جو فطرةً تھا حریف تعلقات
اس بے وفا کو راہ پہ لانے میں کچھ نہ تھا

(مارچ 1985)

**

6

نہ سنگلاخ ہے ہر گز، کبھی کرخت نہیں
وفا کی راہ پہ آئین جہد سخت نہیں
مرے لیے ترے دل میں نہیں ذرا بھی گداز
دل آئینہ ہے، مگر آئینہ تو سخت نہیں
ترے کرم نے عطا کی ہے دولت بیدار
میں خوش نصیب ہوں ہر گز سیاہ بخت نہیں
ہزار چاہا حوادث نے توڑنا لیکن
مرا وجود ابھی تک تو لخت لخت نہیں
سکوں کے ساتھ ہی بالیدگی بھی پاؤ گے
قریب آؤ، میں سوکھا ہوا درخت نہیں

قلندری مرا مشرب ہے، میں قلندر ہوں
مجھے ذرا بھی تمنائے تاج و تخت نہیں
ملے گی منزلِ مقصود کس طرح صادقؔ
سفر طویل ہے اور ساتھ زاد و رخت نہیں

(جنوری1985)

***

7

(بقیدِ یک قافیہ)

کہنے کو ہر اک حق کا پرستار ملے ہے
اب دیکھئے کس کو شرفِ دار ملے ہے

ہوتی ہے خرد مصلحت اندیش ہی لیکن
محرومِ خرد مستحقِ دار ملے ہے

جو ظرف کے پیکر ہیں وہ ہوتے ہیں سرا فراز
کم ظرف کو کب حوصلۂ دار ملے ہے

سچ کہنے کی پاداش میں اے مصلحتِ وقت
زہراب ملے ہے تو کبھی دار ملے ہے

مژدہ ہو وفاؤں کو، جنوں کو ہو مبارک
ہر گام پہ رسم رسن و دار ملے ہے

آنکھوں پہ یہ پلکیں ہیں کہ بے نام صلیبیں
جو اشک بھی ٹپکے ہے سردار ملے ہے
صادقؔ جو شناسائے حقیقت ہے اسے دیکھ
آسودۂ ہر سلسلۂ دار ملے ہے

(نومبر 1984)

**

8

کل سر راہ جو اک شخص ملا تھا مجھ کو
کوئی تھا پھر بھی وہ بونا نظر آیا مجھ کو
اپنے ہی عکس سے یہ خوف لگا رہتا ہے
ڈس نہ جائے کہیں میرا ہی ہیولا مجھ کو
میں تو خود اپنی حقیقت سے نہیں ہوں آگاہ
دیکھ سکتا ہے کہاں دیکھنے والا مجھ کو
ایک اک جور سے میں آنکھ ملا سکتا ہوں
حادثے دینے لگے ہیں جو سہارا مجھ کو
سخت مشکل سے ملی ہے مجھے تسکین حیات
پھر نہ کر دے غم دوراں تہ و بالا مجھ کو

اپنی جرأت سے کنارے پہ ابھر آیا ہوں
چھوڑ کر آئے تھے طوفاں تہِ دریا مجھ کو

منتشر کر دیا پہلے تو مرا ذوق نشاط
اور خوش ہو کے پھر آنکھوں پہ بٹھایا مجھ کو

لاکھ اغیار مٹانے پہ ہوں مائل صادقؔ
زندہ رکھے گی مگر ان کی تمنا مجھ کو

(اگست 1984)

**

9

یہ غلط ہے کہ میں تھا یکہ و تنہا ہر سوں
تیری محفل سے رہا ہے مرا رشتا برسوں
جس کی چھاؤں میں مسافر کو ملے امن و سکوں
ہوں وہی پیڑ جو سر سبز رہا تھا برسوں
تم مرے قتل پہ آمادہ ہو، اچھا، لیکن
میں بزرگوں کی دعاؤں سے جیوں گا بر سوں
تیری خوشبو کا کہوں یا تری رعنائی کا
میری جانب نہیں آیا کوئی جھونکا برسوں
تجھ سے منہ پھیر کے میں آج بہت ہی خوش ہوں
تو مرے ساتھ رہا ہے غم دنیا برسوں
ایک اک گوشۂ دل میں صفت خونِ رواں

پرورش پاتی رہی تیری تمنا برسوں
چھوڑ کر جاؤں گا کچھ ایسے نقوش اے صادقؔ
بعد میرے بھی مرا نام رہے گا برسوں
(فروری 1984)

***

10

یہ انتہائے جنوں ہے کہ غیر ہی سا لگا
جو آشنا تھا کبھی، آج اجنبی سا لگا
وہ ایک سایہ جو بے حس تھا مردہ کی مانند
قریب آیا تو اک عکس زندگی سا لگا
خود اپنی لاش لیے پھر رہا تھا کاندھوں پر
وہ آدمی تو نہ تھا پھر بھی آدمی سا لگا
وہ اک وجود جو پالے ہوئے تھا سانپوں کو
نظر کی زد میں جو آیا تو بانسری سا لگا
تمام عمر جسے پیک دوستی سمجھا
ہوا جو تجربہ، وہ نقش دشمنی سا لگا
وہ ایک کرب مسلسل جو دل جلاتا تھا
تم آ کے پاس جو بیٹھے تو سر خوشی سا لگا

بظاہر ایک ہی چہرہ تھا سامنے لیکن
کبھی کسی کا لگا تو کبھی کسی کا لگا
مرے شعور کی کم مائے گی، کہ اے صادقؔ
یقین بھی کبھی تصویرِ وہم ہی سا لگا

(فروری 1984)

**

11

پہلے ہر بار گراں دوش سفر پر رکھا
پھر دعاؤں کو ترے باب اثر پر رکھا
روح اک طائر لاہوت ہے اے بوالعجبی
آشیاں جس نے مگر جسم بشر پر رکھا
تخم روئندہ نہ تھا بطن چمن میں لیکن
"بے ثمر ہونے کا الزام شجر پر رکھا" *
اپنی ہی آگ میں خود جل گیا گلزار حیات
سارا الزام مگر برق و شرر پر رکھا
کتنا ہمدرد مسافر تھا کوئی مفلس بھی
جس نے اک ٹوٹا دیا راہ گزر پر رکھا
جھوٹ پھر جھوٹ رہا سچ کے مقابل صادقؔ

ان کنت لوگوں نے قرآن بھی سر پر رکھا
"*مصرعہ طرح"

(ستمبر 1983)

*12

ماحول یہ کیسا ہے نہیں جس کی اساس
ہر رنگ میں انسان کا چہرہ ہے اداس
معکوس ترقی کا ثمر ہے کہ بشر
ہے برہنہ ہر چند کہ پہنے ہے لباس
بدلی ہیں حیات کی کچھ ایسی قدریں
لوگوں میں ذرا بھی نہیں اگلی بو باس
مہکی ہے روش روش معطر ہے فضا
گزرا ہے ادھر سے ہی کوئی خوش انفاس
کیا فائدہ سرگرم سخن ہونے سے
صادقؔ نہیں محفل میں کوئی رمز شناس

* رباعی کی بحر میں۔

(اگست 1983)

**

13

فشار وقت کو قدموں میں ڈال کر رکھنا
حیات کے لیے رستہ نکال کر رکھنا
بکھر نہ جائیں کہیں تار و پود احساسات
یہ زندگی کی ہے دولت سنبھال کر رکھنا
ہر ایک اشک ودیعت ہے خون حسرت کی
نظر نظر میں اسے دیکھ بھال کر رکھنا
زمانہ سخت کیے جا رہا ہے اپنی گرفت
بچت کے واسطے پہلو نکال کر رکھنا

نہ زنگ آئے معاصی کا وقت آخر ہے
تو اپنا آئینۂ دل اجال کر رکھنا
ہر اک بدلتی ہوئی قدر احترام کرے
مذاق اپنا بہ ایں شکل ڈھال کر رکھنا
متاعِ عشق متاعِ حیات ہے صادقؔ
قدم قدم پہ اسے تو سنبھال کر رکھنا

(مارچ 1982)

**

14

* تیرا غم دور ہے یا نزد رگ جاں کوئی
موت اور زیست میں ہو فرق نمایاں کوئی
اے جنوں یہ تو ہے در اصل وفا کی توہین
ہاتھ رک جائے اگر تا حد امکاں کوئی
برف سمجھوں گا میں سورج کی تمازت کو، اگر
کاش مل جائے ترا سایۂ داماں کوئی
شدت کرب نے سینے میں لگا لی ہے وہ آگ
اب تو لَو دینے لگا خود کا گریباں کوئی

پرورش پائی ہے آغوش جنوں میں میں نے
کیا بگاڑے گی مرا گردش دوراں کوئی
سینکڑوں اشک گرے آنکھ سے لیکن صادقؔ
اشک گوہر نہ بنا حاصل داماں کوئی

(ستمبر 1982)

٭ فی البدیہہ مشاعرہ۔ آکاش وانی بھوپال

***

15

٭ کردار خوش مقام کی سچائی دے گیا
جو دار کو حیات کی انگڑائی دے گیا
بکھرا کچھ اس طرح کہ فلک تک ہوا بلند
میرا وجود موت کو اونچائی دے گیا
کہتے ہیں وقت ہوتا ہے مرہم مگر غلط
یہ اور میرے زخموں کو گہرائی دے گیا
میں نے تو کی تھی گرم ہواؤں کی آرزو
موسم ستم ظریف تھا، پروائی دے گیا

کھا کھا کے تیز دھوپ پگھل جاؤں ایک دن
وہ سائبان کی جگہ انگنائی دے گیا

صادقؔ خلوص دوست کا احسان مند ہوں
جو میرے شعر کو اچھائی دے گیا

(جولائی 1982)

* بزم نشاط۔ اندور کے طرحی مشاعرے میں مصرعہ طرح تھا ع وہ بال و پر کو قوت گویائی دے گیا۔ مگر مرحوم کے عروضی مزاج نے فارسی اور عربی قوافی مناسب نہیں سمجھے جن کی 'ی' گرانا جائز نہیں۔ اس لیے خالص اردو قافیوں میں غزل کہی ہے۔ ا۔ ع

***

16

تیری آنکھوں نے جو مرنے کی سزا دی ہے مجھے
تیرے ہونٹوں نے تو جینے کی دعا دی ہے مجھے
میری اکھڑی ہوئی سانسوں کو ملا ہے ٹھہراؤ
تم نے پاس آ کے جو دامن کی ہوا دی ہے مجھے
اے نگاہ غلط انداز ذرا تو ہی بتا
کون ہے جس نے محبت کی ادا دی ہے مجھے
لمس نے تیرے جگایا مرے مردہ دل کو
شکریہ تیرا، جوانی کی فضا دی ہے مجھے
میرے جذبات مہکتے ہی رہیں گے پیہم
آپ نے زلفوں کی خوشبو جو سنگھا دی ہے مجھے

اس کو احسان کہوں تیرا کہ معراجِ وفا
دل میں جو بات چھپی تھی، وہ بتا دی ہے مجھے

تم نے پھیلا کے ہر ایک سمت تبسم کی بہار
آج مہکے ہوئے پھولوں کی ردا دی ہے مجھے

جب بھی اٹھتے ہیں تری سمت ہی اٹھتے ہیں قدم
جانے کس قسم کی یہ جنبشِ پا دی ہے مجھے

کچّے زخموں سے مرا جسم سجا کر صادقؔ
میرے ماحول نے رنگین قبا دی ہے مجھے

(مئی 1982)

***

17

شہر تا شہر پر ایک شور سا داناؤں میں
باڑھ کیا آئی ہے دیوانوں کی صحراؤں میں
آج سوکھے ہوئے پتے سے بھی کم قیمت ہیں
نام کل تک تھا ہمارا چمن آراؤں میں
میں نے بدلی ہوئی ہر راہ کو سمتیں دی ہیں
سر فہرست مرا نام ہے داناؤں میں
میری غیرت پہ ہے انگشت بدنداں ہر شخص
"اب کے ڈوبا ہوں تو سوکھے ہوئے دریاؤں میں"
اس کو کیا کیجیے، اک نقش بھی روشن نہ ہوا
مختلف رنگ بھرے ہم نے تمناؤں میں

غم کے شعلوں کو ہوا دیتے ہو تم کیا مطلب
عمر بھر جلتا رہوں آگ کے دریاؤں میں !
کار فرما جو رہا ہاتھ کسی کا صادقؔ
کھل اٹھے پھول سلگتے ہوئے صحراؤں میں

(مئی 1982)

***

18

حیات کا ہمہ رنگی سے سلسلہ رکھنا
غم و خوشی کا مناسب مقابلہ رکھنا
وجود ہست عدم کا نقیب ہوتا ہے
یہ بات ذہن میں بے فیض و بے صلہ رکھنا
عمل کی راہ مسلسل ہے خار زار حیات
قدم قدم پہ سنبھل کر معاملہ رکھنا
شہود حق کے لیے ہے جہاد مستلزم
اخیر شب میں ہوس سے مجادلہ رکھنا
غم و خوشی متوازن کبھی نہیں ہوتے
تمام عمر نظر میں یہ مسئلہ رکھنا

اٹھائے رکھنا مصائب بخندہ پیشانی
خدا کی ذات سے لیکن نہ کچھ گلہ رکھنا
جو اپنی ذات کا عرفان ہے تجھے مقصود
من اور تو سے الگ شغل لا الٰہ رکھنا
نظام خالق کو نین ہے یہی صادقؔ
حیات و موت میں دو گز کا فاصلہ رکھنا
(اپریل 1982)

***

19

گھر گھر کے ہر ایک رخ سے ہستی پہ جو چھائے ہیں
یا غم کے شکنجے ہیں یا موت کے سائے ہیں
مٹی کا خمیر آخر کچھ اتنا مکمل تھا
ہر آئینہ خانے میں چہرے نظر آئے ہیں
اے زور حوادث رک، اے صور زمانہ تھم
سورج کے کڑے نیزے سر تک اُتر آئے ہیں
محفل میں اجالوں کا فقدان نہ ہو کیوں کر
روشن تھے دیے جتنے خود ہم نے بجھائے ہیں
جس وقت نظر اٹھی، پردہ تھا نہ منظر تھا
آئینے میں اپنے ہی چہرے نظر آئے ہیں

اے وقت کے پیکانو ! ممنون رہو میرے
جو زخم دئے تم نے، وہ دل میں سجائے ہیں
کچھ صلح کل ایسا ہے مسلک مرا اے صادقؔ
سب ہی مری نظروں میں اپنے نہ پرائے ہیں

(اپریل1982)

***

20

دیدۂ دل جو حقیقت نگراں ہوتا ہے
زندگانی کا ہر اک راز عیاں ہوتا ہے
آب و آتش کے سمندر میں رواں ہوتا ہے
عشق تو بے خبر سود و زیاں ہوتا ہے
جا چکا قافلۂ زیست کا سامان وجود
وقت رخصت ہے، مسافر بھی رواں ہوتا ہے
کہیں ملتی ہی نہیں قرب و یقیں کی منزل
عمر بھر سلسلۂ وہم و گماں ہوتا ہے
زندگی سلسلۂ کرب سے تعبیر سہی
پھر بھی اک شائبۂ عشرت جاں ہوتا ہے

ہو نہ آفات و مصائب سے اگر عہدہ برا
جسم خود اپنے لیے بار گراں ہوتا ہے

اس طرح ٹوٹے ہیں اخلاق کے معبد جس پر
سنگ بنیاد بھی اب مرثیہ خواں ہوتا ہے

اک تنوع نہ ہو تخلیق سخن میں جب تک
اپنا ہر نقش بھی عکس دگراں ہوتا ہے

تم جو بچھڑے تو کچھ ایسا ہوا دل کا عالم
جیسے بجھتے ہوئے شعلے میں دھواں ہوتا ہے

خشک و بد وضع سہی تیری غزل اے صادقؔ
پھر بھی ہر شعر میں کچھ لطفِ بیاں ہوتا ہے

(فروری 1982)

***

21

خلوص اور وفا کو رواں دواں کر لیں
ہر ایک سنگ کو آئینۂ جہاں کر لیں

ہر ایک شعلہ رقصاں کو حرز جاں کر لیں
حصار زیست کو اک دن دھواں دھواں کر لیں

نشیب راہ کو اونچا مقام دینا ہے
زمین کہ اتنا اچھالیں کہ آسماں کر لیں

نہ منتشر ہوں کتاب حیات کے اوراق
کچھ ایسے ڈھنگ سے شیرازہ بندیاں کر لیں

سپہر دل سے اگا کر کوئی نیا سورج
اندھیرے جسم کی رگ رگ کو ضو فشاں کر لیں

نہ جس سے نغمہ ہی پھوٹے نہ حرف شوق ابھرے
یہی ہے وقت، قلم ایسی انگلیاں کر لیں
یہ خشک پتے بھی صادقؔ وجود رکھتے ہیں
کبھی انہیں بھی شریک نشاط جاں کر لیں
(اکتوبر1981)

***

22

یہ کیا ہوا کہ ہر اک رسم و راہ توڑ گئے
جو میرے ساتھ چلے تھے، وہ ساتھ چھوڑ گئے
وہ آئینے جنہیں ہم سب عزیز رکھتے تھے
وہ پھینکے وقت نے پتھر کہ توڑ پھوڑ گئے
ہمارے بھیگے ہوئے دامنوں کی شان تو دیکھ
فلک سے آئے ملک اور گنہ نچوڑ گئے
بپھرتی موجوں کو کشتی نے روند ڈالا ہے
خوشا وہ عزم کہ طوفاں کا زور توڑ گئے
رہے گی گونج ہماری تو ایک مدت تک
ہمارے شعر کچھ ایسے نقوش چھوڑ گئے
ان آئے دن کے حوادث کو کیا کہوں صادقؔ
مری طرف ہی ہواؤں کا رخ یہ موڑ گئے

(اگست 1981)   ***

23

چہرے سے عیاں موت کی تاثیریں ہیں
سانسیں ہیں کہ ٹوٹی ہوئی زنجیریں ہیں
کون ان میں سے بنتی ہے دل و جاں کا سکوں
نظروں کے مقابل کئی تصویریں ہیں
میں فرش پہ پانی کے رواں تھا کل رات
اک خواب تھا جس کی کئی تعبیریں ہیں
جھکنے کو ہے تمکین جہاں میرے حضور
روشن مری پیشانی کی تحریریں ہیں
تم پاس تھے تکمیل تمنا کو مگر
سب الٹی مرے خواب کی تعبیریں ہیں

صادقؔ نہیں محفل میں کوئی رمز نشاں
بیکار یہ سب آپ کی تقریریں ہیں
(اپریل 1981)

***

24

آئے نہ اجل میں نے یہ تاویل بہت کی
اے عمر رواں تو نے تو تعجیل بہت کی

با کوشش پیہم کبھی ڈھب پر نہیں آیا
ابلیس نے تو منتِ جبریل بہت کی

تا عمر یسر نہ ہوا گوہر مقصود
موجوں نے اشارات کی تعمیل بہت کی

سوکھے ہوئے پتوں کو گلے سے نہ لگایا
لوگوں نے ان اوراق کی تذلیل بہت کی

تم پاس نہ آئے کبھی ارباب نظر کے
خود اپنے مفادات کی تشکیل بہت کی
تحریف کا مجھ پر نہ چلا وار کبھی بھی
دانش نے سعی صورت انجیل بہت کی
صادقؔ نہ سراغ ان کا ملا تا دم آخر
ہر چند فن و علم کی تحصیل بہت کی

(نومبر 1977)

***

25

دل کی تسکین پا کے رکھ لی ہے
یاد ان کی بسا کے رکھ لی ہے
آگ دل میں دبا کے رکھ لی ہے
آنسوؤں سے بجھا کے رکھ لی ہے
تیرے ہونٹوں کی تازگی ہم نے
چشم بد سے بچا کے رکھ لی ہے
تیری آنکھوں سے چھین کر پیئے عشق
روشنی پاس لا کے رکھ لی ہے

ایک ایک بوند اشک حسرت کی
آستین میں چھپا کے رکھ لی ہے
چاندنی کی سجی سجائی رات
بیت احزاں میں لا کے رکھ لی ہے
آج پرچھائیوں کا ماتم کیوں
شکل اپنی مٹا کے رکھ لی ہے
ان کے غم کی خلش مگر صادقؔ
طاق دل پر اٹھا کے رکھ لی ہے

(اکتوبر 1977)

***

26

بھنور بھنور میں نگاہیں دھواں دھواں دل ہے
رہ حیات میں مرغولۂ رواں دل ہے

ترے غرور نے سنو لا دیا تمنا کو
اب ایک کشمکش نو کے درمیاں دل ہے

رہے خیال یہ ہنگام امتحانِ وفا
سنبھل کے مشقِ ستم ہو کہ ناتواں دل ہے

نہ چھیڑ، دیکھ اے ایمان و آگہی دشمن
نہ جانے کتنے حقائق کا راز داں دل ہے

فصیل درد کی اونچائیاں ہوئیں اتنی
جدھر بھی دیکھئے تا حد آسماں دل ہے
خرد ہو، جہل ہو، وہم و یقیں ہو اے صادقؔ
ہر اک کشاکش ہستی کا ترجماں دل ہے

(جولائی 1977)

***

27

کب حد درد تک گیا ہو گا
راہ میں ہی جو تھک گیا ہو گا

آسماں تک دھواں سا پھیلا ہے
کوئی شعلہ بھڑک گیا ہو گا

اوس پڑنے لگی وفاؤں پر
اک نہ اک رخ سرک گیا ہو گا

روشنی ہو رہی ہے دل کے قریب
زخم کوئی چمک گیا ہو گا

شدت غم سے خون دل بہہ کر
تا بحدِّ پلک گیا ہو گا
ہے معطر روش روش صادقؔ
کوئی غنچہ چٹک گیا ہو گا
(جون 1977)

***

28

باغ پژ مردہ میں غم کی آب جو لیتا چلوں
پتّہ پتہ کے لیے ذوق نمو لیتا چلوں
دامن ہستی حوادث سے ہوا ہے چاک چاک
سوزنِ ادراک اب بہر رفو لیتا چلوں
یہ مقدر ہے نہ ہوں گے وہ وفا کے معترف
آرزو کے ساتھ خون آرزو لیتا چلوں
پاس ان کے جا رہا ہوں لیکن اے فرط جنوں
کوئی تدبیر شروع گفتگو لیتا چلوں

کم سے کم ہو زہر مدفن تو سکون دل نصیب
اپنے ہر تار کفن میں تیری بو لیتا چلوں

کرنی ہے محرابِ الفت میں نماز عشق ادا
آج اپنی چشم نم بھر وضو لیتا چلوں

راستے میں کس جگہ صادقؔ بھک جائے حیات
ساتھ اپنے رہنمائے جستجو لیتا چلوں

(مارچ 1977)

***

29

عروس شب نے نقوش سرور ڈھال دئے
فضا میں چاند ستاروں کے جام اچھال دئے
تمام عمر خرد حل نہ کر سکی جن کو
نگاہ دوست نے ایسے عجب سوال دئے
کوئی صدف نہ ملی گوہر مراد لیے
مری طلب نے سمندر کئی کھنگال دئے
رہے گا شدت ایذا رسی کا لطف کہاں
کسی نے پاؤں کے کانٹے اگر نکال دئے

جنوں نے دست تظلم کو کر دیا مفلوج

ملے جو زخم تو اسباب اندمال دئے

کرم کی اس سے توقع ہو کس طرح صادقؔ

تقاضے عشق کے باتوں میں جس نے ٹال دئے

(جولائی1976)

***

30

میں حوادث کا خانہ زادہ ہوں
تیز گرمی میں ایستادہ ہوں
میری ہر سانس ہے وفا پیکر
میں محبت کا شاہزادہ ہوں
چشم دوراں پڑے گی کیا مجھ پر
اک ورق اور وہ بھی سادہ ہوں
میرے ساتھ آئیں رہ روانِ حیات
میں کہ اک مستقیم جادہ ہوں
مدد اے عزم جادہ پیمائی
دور منزل ہے، پا پیادہ ہوں

کیوں مجھے چوستے ہیں وقت کے سانپ

شہد و شربت ہوں میں نہ بادہ ہوں

درس لیں مجھ سے عصر نو کے اسیر

عہد ماضی کا میں اعادہ ہوں

آج یوں میرا جسم ہے بے روح

جیسے ہستی کا اک لبادہ ہوں

میرا رشتہ ہے عرش سے صادقؔ

گو بہ ظاہر زمیں فتادہ ہوں

(دسمبر1972)

***

31

ایک اک لمحہ مجھے زیست سے بیزاری ہے

میری ہر سانس سلگتی ہوئی چنگاری ہے

کیا ہی اوراق مصور ہیں کتاب دل کے

خونِ ارماں سے ہر اک صفحے پہ گل کاری ہے

زخم ہی زخم ہیں آنکھوں سے لگا کر دل تک

سوچ میں ہوں کہ یہ کس قسم کی دل داری ہے

یہ سمٹتے ہوئے سائے یہ لرزتے درد بام

اک نئی صبح کے اعلان کی تیاری ہے

ہر قدم پر نظر آتے ہیں صلیبوں کے ستون
یہ کوئی خواب ہے یا عالم بیداری ہے

کیوں اٹھیں پاؤں جنوں کے سوئے منزل صادق
ایک اک گام سلا سل کی گراں باری ہے

(مئی 1968)

***

32

دزدیدہ نظر نے کیا دیا ہے
جذبات کا خوں بہا دیا ہے
نکلے جو تلاش میں ہم ان کی
سپنوں کو جگا جگا دیا ہے
ہے دیدنی عشق کا تصرف
آتش کو ارم بنا دیا ہے
اب چاہے کہیں بھی ہو اندھیرا
میں نے تو دیا بجھا دیا ہے

آئینۂ زندگی کو غم نے
اک جلوۂ حق نما دیا ہے
بچ کر وہ گزرتے ہیں کدھر سے
ہر گام پہ دل بچھا دیا ہے
کیا وقت کی ہے ستم ظریفی
بندے کو خدا بنا دیا ہے
صادقؔ مجھے دو جہاں کے بدلے
صرف اک دلِ مبتلا دیا ہے

(جولائی 1967)

***

33

مٹے کچھ ایسے کہ موجود خاک و خس بھی نہیں
کہاں نشانِ نشیمن کہیں قفس بھی نہیں
تلاش کرنا ہے خود ہم کو جادۂ منزل
کہ راہبر کوئی اب اپنے پیش و پس بھی نہیں
یہ روز روز کے طعنے، یہ صبح و شام کے طنز
سلوک دوست بجا، لیکن اس پہ بس بھی نہیں
ہر اک نفس پہ مسلط ہے تلخیِ ماحول
جئیں تو کیسے جئیں زندگی میں رس بھی نہیں

تباہ کر دے جو پاکیزگی کے دامن کو
بلند اتنا مگر شعلۂ ہوس بھی نہیں
وہ اس مقام سے صادقؔ پکارتے ہیں ہمیں
جہاں ہمارے تخیّل کی دسترس بھی نہیں
(مئی 1964)

***

34

وہ مجھ سے دور ہیں تکمیل آرزو کی طرح
رگوں میں دوڑتے پھرتے ہیں جو لہو کی طرح

ہزار قید و سلاسل کا اہتمام کریں
صدائے حق کہیں چھپتی ہے مشکبو کی طرح

خلوص اور محبت کی کوئی بات چلے
وہ گفتگو تو کریں ہم سے گفتگو کی طرح

تری نگاہ نے جب سے گرا دیا ہے مجھے
پڑا ہوا ہوں میں ٹوٹے ہوئے سبو کی طرح

بنا لیا ہے ترے غم کو میں نے جزوِ حیات
بہت عزیز ہے یہ مجھ کو آبرو کی طرح
نشان منزل مقصود کوئی دور نہیں
مگر تلاش کرے کوئی جستجو کی طرح
شعور فن نے کیا آفتاب صادقؔ کو
پڑا تھا ورنہ یہ اک خاک بے نمو کی طرح
(اگست1963)

***

35

ترک وفا کا ان سے سوال آ رہا ہے آج
آئینۂ خلوص میں بال آ رہا ہے آج

انسانیت عروج کی جانب ہے گام زن
حیوانیت کے سر پہ زوال آ رہا ہے آج

قدرت کی اک عنایت مختص ہے کیا حیات
ہر اک زبان پر یہ سوال آ رہا ہے آج

مدت ہوئی ہے ترک تعلق کیے ہوئے
رہ رہ کے پھر بھی ان کا خیال آ رہا ہے آج

میرے جنوں کی منزل پرواز دیکھ کر
عقل و شعور دونوں کو حال آ رہا ہے آج
نزدیک آ گئی ستم نارسا کی موت
میری وفا کے رخ پہ جلال آ رہا ہے آج
صادقؔ بچھی ہوئی ہیں نگاہیں بصد خلوص
محفل میں کون اہل کمال آ رہا ہے آج

(فروری 1962)

***

36

شمیم جاں بخش آ رہی ہے دلوں کو مسرور کر رہی ہے
کسی کی زلف دراز شاید ہوا کے رخ پر سنور رہی ہے
عجیب عالم ہے مجھ پہ طاری نہ جانے آئی ہے یاد کس کی
کبھی تو یہ غرق ہو رہی ہے کبھی مری نبض ابھر رہی ہے
قدم قدم پر خوشی تھی حاصل نہیں تھا کچھ غم صعوبتوں کا
کسی کی یادِ لطیف وحشت کی راہ میں ہم سفر رہی ہے
عجیب سی کشمکش میں جاں ہے، خدا نگہباں مریض غم کا
وہ دیکھیے برقِ صد تبسم دل حزیں میں اتر رہی ہے
خیال الفت رہا ہے محکم فریب ہستی سے دور رہ کر
ہمیشہ صادقؔ نتیجۂ عشق پر ہماری نظر رہی ہے

(1937)

***

نوائے پارینہ

ذرہ ذرہ آج دل آزار ہے تیرے بغیر
وسعت کونین بھی بیکار ہے تیرے بغیر
ہر نفس پر مجھ کو ہوتا ہے یقین اضطراب
کیا کہوں ہر سانس اک آزار ہے تیرے بغیر
کم نہیں ہو گی کسی عنوان بھی دل کی خلش
ہر رگ دل اک کھٹکتا خار ہے تیرے بغیر

حوصلہ میرا بڑھاتا ہے مگر تیرا خیال
ورنہ بے ترتیب ہر گفتار ہے تیرے بغیر
دل کی خاطر پی رہا ہے ورنہ صادقؔ کے لیے
سمِّ قاتل بادۂ گلنار ہے تیرے بغیر

(1938)

***

تری نگاہ کے مرکز پر آ رہا ہوں میں
تمیزِ رفعت و پستی مٹا رہا ہوں میں

جنوں میں لذت محبوب پا رہا ہوں میں
نگاہ دوست کے نزدیک آ رہا ہوں میں

سکون قلب سے بہتر ہے اضطراب مرا
تڑپ رہا ہوں مگر مسکرا رہا ہوں میں

تری تلاش کا عالم ارے خدا کی پناہ
بہک رہے ہیں قدم اور جا رہا ہوں میں

تری تلاش سے تسکین ہے قلب صادقؔ کو
قدم قدم ترے نزدیک آ رہا ہوں میں

(1938)

***

(بقیدیک قافیہ)

خاموش بزم نجم و قمر دیکھتا ہوں میں
تاریک ہر قضائے نظر دیکھتا ہوں میں

ہر ذرہ میری ژرف نگاہی کی داد دے
ہر جلوہ کو فریب نظر دیکھتا ہوں میں

ہر جلوہ ہر شعاع نظر، ہر لطیف عکس
تا منتہائے ذوق نظر دیکھتا ہوں میں

آتا ہے کون حشر اٹھاتا ہوا ادھر
یہ کس کو آج پیش نظر دیکھتا ہوں میں

پھر سامنا ہے دل کا کسی تازہ جور سے
پھر ملتفت کسی کی نظر دیکھتا ہوں میں

ہر جلوہ آ گیا ہے سمٹ کر نگاہ میں
کتنی حسین بزمِ نظر دیکھتا ہوں میں
کہتے ہیں جس کو عیش و مسرت کا ماحصل
صادقؔ وہی بہشت نظر دیکھتا ہوں میں

(1939)

سکون و درد کے نغمے سنا رہے ہو تم

حیات و موت کے معنی بتا رہے ہو تم

دل و دماغ پہ سکّے بٹھا رہے ہو تم

تخیلات کے پردے ہٹا رہے ہو تم

ہر ایک لمحہ محبت ہے گوش بر آواز

خدا ہی جانے کہاں گنگنا رہے ہو تم

لپٹ نہ جائے کہیں آرزوئے آوارہ

ہر ایک گام پہ دامن بچا رہے ہو تم

ہزار شکر کہ صادقؔ کی بزم الفت میں

چراغ اپنی وفا کا جلا رہے ہو تم

(1939)

***

مری طرف نگہ التفات رہنے دے
نثار تجھ پہ، مری یہ تو بات رہنے دے

مجھے ہلاک نہ کر طعنہ پائے بے جا سے
جو ہو سکے تو بقید حیات رہنے دے

لٹا چکا ہوں بہت کچھ رہ محبت میں
جو بچ گئی ہے مری کائنات رہنے دے

کہاں کی بات کہاں ہو رہی ہے اے صادقؔ
یہ میکدہ ہے حدیث نجات رہنے دے

(1939)

***

ہر نفس میں ایک بے تابی بسا کر چل دئے
میرا ذوق والہانہ آزما کر چل دئے

روح فطرت بھی تڑپ اٹھی یہ منظر دیکھ کر
زیر لب کچھ اس طرح وہ مسکرا کر چل دئے

ان کو یہ ڈر تھا تاثر ان کا ظاہر ہو نہ جائے
آستیں میں اپنے اشکوں کو چھپا کر چل دئے

شکر یہ ہے، آپ کے بے جا کرم کا شکریہ
ذوق نظارہ کے پردوں کو اٹھا کر چل دئے

میری بے تابی کی شدت اس گھڑی صادقؔ نہ پوچھ
جب وہ میرے پاس آئے، اور آ کر چل دئے

(1940)

***

بہر صورت بہ ہر عنوان زیبا دیکھ لیتا ہوں

جمال دوت کا ہر ایک جلوا دیکھ لیتا ہوں

ترے جلووں کو اکثر بزم آرا دیکھ لیتا ہوں

پس پردہ ہوں یا بیرون پردا دیکھ لیتا ہوں

وہ خود بھی مضطرب ہیں، ان کے جلوے بھی پریشان ہیں

محبت کو یہاں تک کار فرما دیکھ لیتا ہوں

لباس زہد ہے اور ذوق دید حسن جاناں کا

حرم کی آڑ میں حسن کلیسا دیکھ لیتا ہوں

یہ دنیا ایک بازیچہ ہے صادقؔ میری نظروں میں

بہ قدر ذوق ہمت ہر تماشا دیکھ لیتا ہوں

(1940)

***

عروج اچھا، کمال اچھا نہ ہے شاہنشہی اچھی
اگر منظور کر لیں وہ تو خوئے زندگی اچھی
وہاں وہ اور یہاں ہر رنگ کے جلووں کی ارزانی
حقیقت ہے کہ اس خلوت سے یہ آوارگی اچھی
تری چین جبیں پر میرا غم انگڑائی لیتا ہے
ترے لطف و کرم سے ہے یہ تیری برہمی اچھی
کشش کی کوئی صورت ہی جو اپنے میں نہ رکھتے ہوں
تو ایسا چاند اچھا اور نہ ایسی چاندنی اچھی
مجھے سمجھا نہ اے صادقؔ حواس و ہوش کی باتیں
تری فرزانگی سے ہے تری دیوانگی اچھی

(1941)

***

تجلی محیط دل و جاں نہیں ہے
ابھی تجھ کو انداز ارماں نہیں ہے

ابھی اور دے اپنے جلووں کو وسعت
ابھی ذوق دیدار حیراں نہیں ہے

حجاب آزما ہیں ابھی میری نظریں
ابھی دید کا کوئی ارماں نہیں ہے

ابھی تک کھٹکتی ہے رہ رہ کے دل میں
وہ پہلی نظر جو پشیماں نہیں ہے

میں مجبور اور چاک داماں ہوں صادقؔ
وہ مجبور اور چاک داماں نہیں ہے

(1943)

***

بجا جنون، مآل جنوں سے بہتر ہے
مگر یہ دل پئے تسکین ازل سے مضطر ہے
جراحتوں میں ہے شاید کچھ اندمال کا لطف
تلاش جس کی ہے دل کو، وہ تیرا نشتر ہے
حضور حسن تڑپتا ہے عشق رہ رہ کر
گناہ گار کو ہم دم نہ جانے کیا ڈر ہے
وہ اک سکوں جسے فردوسِ زندگی کہیئے
نہ پہلے ہی تھا میسر، نہ اب میسر ہے
کلام کیوں نہ ہو اس کا ہر ایک کو مرغوب
سخن وروں میں یہ صادقؔ بھی اک سخن ور ہے

(1944)

***

راتوں کی آہ سے نہ فغاں سحر سے ہم
لیتے ہیں دل کا کام بھی اپنی نظر ہم

ان کی نگاہ دے نہ سہارا اگر ہمیں
گھبرا ہی جائیں فتنۂ شام و سحر سے ہم

الزام دیں تجلیِ جاناں کو کس لیے
مجبور ہیں خود اپنے ہی ذوق نظر سے ہم

ب دل کا زخم بھر نہ سکے گا کسی طرح
اک تیر مانگ لائیں گے ان کی نظر سے ہم

صادقؔ جب اس سے آتش دل ہی نہ بجھ سکی
اب اور کیا امید رکھیں چشم تر سے ہم

(1944)

***

مانا کہ حسن دوست بہت مستطر رہا
لیکن بہ ہر حجاب خرابِ نظر رہا

آئی بہت پسند فضائے قفس مجھے
ہر چند آشیاں بھی تہ بال و پر رہا

دل تیرے روٹھنے کی ادا بھولتا نہیں
حالانکہ وہ زمانہ بہت مختصر رہا

راہ وفا میں چھوٹ گیا ایک اک رفیق
سرف اک ترا خیال تھا جو ہم سفر رہا

صادقؔ ہے میرا رنگ سخن اس قدر محیط
محفل میں میرے بعد بھی میرا اثر رہا

(1944)

***

یسر آئے تو اب کیسے آئے مجھ کو سکوں
نظر تمام تمنا ہے، دل تمام جنوں

مری روش پہ نہ جا، میں تو روزِ اوّل سے
فریب خوردہ احساس آزمائش ہوں

ہماری سمت نہ دیکھ اے حسین جادوگر
دلوں کو لوٹ رہا ہے تری نظر کا فسوں

پڑا ہوا ہوں ترے در پر ایک مدت سے
جسے جواب نہ ملتا ہو وہ سوالی ہوں

ستم کا شکوہ، گلہ بے رخی کا اے صادقؔ
زباں پر آ نہیں سکتا، بیاں کیسے کروں

(1944)

***

زمانہ سے ہم آہنگی کی جرأت کیوں نہیں کرتے
اصول وقت پر چلنے کی ہمت کیوں نہیں کرتے
سیاست اک طلسم لفظ و صورت کے سوا کیا ہے
سیاست بر طرف، عزم محبت کیوں نہیں کرتے
حقیقت میں ہے اک پیدائشی حق اپنا آزادی
تو اس حق کے لیے تعمیل فطرت کیوں نہیں کرتے
اگر انسان کے دل پر حکومت کی تمنا ہے
تو پھر الفاظ میں پیدا حلاوت کیوں نہیں کرتے
تمہارے ہر اشارے پر جو دنیا رقص کرتی ہے
فروزاں ہر طرف شمع ہدایت کیوں نہیں کرتے

سمجھتے ہو ہر اک انسان کو جب دوست تم اپنا
تو آخر انسداد اجنبیت کیوں نہیں کرتے
دلوں کو کھنگی جب باعث تسکیں نہ ہو صادقؔ
تو پھر قائم نیا دور حکومت کیوں نہیں کرتے

(1945)

***

دل کو پیہم درد سے دو چار رہنے دیجیے
کچھ تو قائم عشق کا معیار رہنے دیجیے

دل کی دنیا غم سراپا غم کی دنیا کیا کہوں
کائنات دل کو غم آثار رہنے دیجیے

کس طرف جائے غریب ادبار کا مارا ہوا
اس مسافر کو پس دیوار رہنے دیجیے

آ رہی ہے ساز دل کے تار میں لرزش ابھی
اپنی نظروں کو شریک کار رہنے دیجیے

ساری دنیا ہو چکی بے گانہ ہوش و خرد
کم سے کم صادقؔ کو تو ہشیار رہنے دیجیے

(1946)

***

تیری نگاہ ناز کے مارے کبھی کبھی
کرتے ہیں بجلیوں سے اشارے کبھی کبھی

میں تو پکارتا ہوں تجھے ہر نفس کے ساتھ
اے کاش تو بھی مجھ کو پکارے کبھی کبھی

ہم سے نہ ہو سکا کہ تلاطم کو چھوڑ دیں
ہر چند موج لائی کنارے کبھی کبھی

مایوس ہو کے نجم و مہ و آفتاب سے
ہم نے کیے ہیں دل کے نظارے کبھی کبھی

صادقؔ مآل گریۂ فرقت نہ چھپ سکا
دامن میں بھر گئے ہیں ستارے کبھی کبھی

(1946)

***

برعکس ہیں پہلو الفت کے کچھ اس کے نرالے نقشے ہیں
اک وہ ہیں کہ ہنستے رہتے ہیں اک ہم ہیں کہ رویا کرتے ہیں

اب ان کو جوانی آتی ہے اب ان پہ محبت چھائی ہے
کچھ رنگ نکھرتا جاتا ہے کچھ نقش ابھرتے جاتے ہیں

تاروں میں کہاں ہے تابانی، پھولوں میں کہاں ہے رنگینی
جو کچھ بھی دکھائی دیتا ہے سب اپنی نظر کے دھوکے ہیں

کیا ان کو مٹا بھی سکتی ہیں طوفان حوادث کی موجیں
جو نقش محبت ہیں دل پر اے دوست وہ اتنے گہرے ہیں

صادقؔ سے جو تم کو شکوہ ہے اس کو بھی گلہ ہے کچھ تم سے
یہ اپنے ہی گھر کی باتیں ہیں یہ اپنے ہی گھر کے چرچے ہیں

(1948)

***

دنیا کو ہم حیات کے معنی بتا سکیں
اے کاش تیرے غم کو تمنا بنا سکیں

دشوار ہیں بہت غم ہستی کے راستے
اے کاش دو قدم وہ مرے ساتھ آ سکیں

ہر وقت حادثات کی زد پر ہے زندگی
اب مسکرائیں آپ اگر مسکرا سکیں

بخشی ہے تیرے غم نے اک ایسی متاع خاص
جس کو چھپا سکیں نہ کسی کو دکھا سکیں

قدغن ہے صادقؔ آج تو اظہار عشق پر
ہم کس زباں سے قصۂ فرقت سنا سکیں

(1950)

***

جس وقت کوئی انداز حسیں دل پر کرم افشاں ہوتا ہے
چنگاری بھی گل بن جاتی ہے شعلہ بھی گلستاں ہوتا ہے
دریا کی خموشی میں بھی نہاں سیلاب کا امکاں ہوتا ہے
موجوں کے ہی مد و جزر سے کیوں اندیشۂ طوفاں ہوتا ہے
اے دوست محبت کی منزل اک ایسا فسانہ ہے جس کا
انجام رلاتا ہے آنسو، آغاز درخشاں ہوتا ہے
اے ضبط، رکیں گے کیا آنسو، ایسا ہے وہ سیلاب رواں
جتنا بھی دبایا جاتا ہے، اتنا ہی نمایاں ہوتا ہے
اس دور میں اہل دانش پر کیا کیا نہ گزرتی ہے صادقؔ
یا دار کی زینت بنتا ہے، یا داخل زنداں ہوتا ہے
(1951)

عشق میں لذت حیات کہاں
عیش کے دن خوشی کی رات کہاں
دل کے ہر گوشے میں ہے جلوۂ غم
اب مجھے فکر کائنات کہاں
غم کی گہرائیاں سمجھ لینا
فرصت یک نظر کی بات کہاں
پڑھ سکو تو نگاہ سے پڑھ لو
گفتنی دل کی واردات کہاں
عالم بے خودی میں اے صادقؔ
امتیاز صفات و ذات کہاں

(1951)

***

مری دسترس میں ہے اب سر طور کی بلندی
یہ شکست ہے خرد کی، یہ جنوں کی فتح مندی

مرے سامنے جھکا ہے سرِ نخوت و بلندی
مرے عشق کو مبارک یہ وفا کی ارجمندی

مری زندگی ہے غم سے مجھے غم سے ہے محبت
نہ سمجھ سکے گا کوئی مری شانِ غم پسندی

تجھے گردش زمانہ یوں ہی پیستی رہے گی
نہ بدل سکے گی جب تک تری خوئے گوسفندی

تری تمکنت نے آخر نہ کہیں کا تجھ کو رکھا
نہ پسند آئی صادقؔ ہمیں تیری خود پسندی

(1951)

***

مری سمت دیکھ کر تو جو خوشی سے مسکرا دے
مری زندگی کو شاید مری زندگی بنا دے
میں نہیں وہ پست ہمت کہ ذرا میں چیخ اٹھوں
جو بچھا سکے تو کانٹے مری راہ میں بچھا دے
ترے دامن حسیں کی جو بنے ہوئے ہیں زینت
مرے آنسوؤں کی قیمت کوئی کس طرح گرا دے
ادھر اک نگاہ الفت، مری سمت اک تبسم
مری روح کو جلا دے، مرے دل کو جگمگا دے
ترا صادقؔ پریشاں ہے پھر آن غم بداماں
کوئی نغمۂ مسرت کسی دھن میں گنگنا دے

(1952)

***

ہوس نے گھیر رکھا ہے ابھی تک ذہن انساں کو
سمجھ سکتا ہے کیا کوئی تقاضائے غم جاں کو
اسیری فطرت انساں پہ ہے اک جبر نا موزوں
کوئی آزاد بڑھ کر توڑ دے دیوار زنداں کو
ابھی تک آخری ہچکی نہیں لی ہے جفاؤں نے
ابھی اک اور ٹھوکر چاہیے تعمیر انساں کو
تلاطم کی فراوانی سے گھبرا جائیں۔ نا ممکن!
جو ہیں ارباب ہمت روک دیتے ہیں وہ طوفاں کو
تلاطم کو سمجھتے ہیں جو اصل زندگی صادقؔ
مٹا دیں گے کسی دن وہ تمیز بحر و طوفاں کو

(1952)

***

مرے دل سے ابھر کر اب زباں تک بات آ پہنچی
الٰہی خیر اظہار بیاں تک بات آ پہنچی

نظام عالم کہنہ شکستہ ہونے والا ہے
مبارک ہو مرے عزم جواں تک بات آ پہنچی

خدا معلوم کیا ہو حشر ذوق رہ نوردی کا
اگر اک دن امیر کارواں تک بات آ پہنچی

ابھی دو حرف سننے سے جبیں پر آ گئیں شکنیں
خدا نا خواستہ جب داستاں تک بات آ پہنچی

وفاؤں پر تجھے کیوں اس قدر ہے ناز اے صادقؔ
ذرا ہشیار ہو جا، امتحاں تک بات آ پہنچی

(1953)

***

عشق میں اہل ہوس دل کے زیاں سے ڈر گئے
چاہنے والے بہاروں کے، خزاں سے ڈر گئے
چند اشک گرم و آہ سرد کا طوفان تھا
آج ہم اپنی ہی شرح داستاں سے ڈر گئے
پرورش پائی تھی ہم نے حادثوں کی گود میں
کس لیے پھر انقلابات جہاں سے ڈر گئے
ہر نفس اک آزمائش، ہر قدم اک تجربہ
جو نہ سمجھے زندگی کو امتحاں سے ڈر گئے
ہم نے صادقؔ کر دیا خود کو سپردِ انقلاب
اہلِ عالم خطرۂ سود و زیاں سے ڈر گئے

(1953)

***

کچھ غم ہستی کچھ غم دوراں

کتنی مشکل میں ہے انساں

شہنائی بجتی ہے فضا میں

گزرا ادھر سے کوئی غزل خواں

سامنے ان کے تیر نظر کے

ساز وفا ہے لرزاں لرزاں

غم کا سایہ ایک حقیقت

عیش کا پرتو خواب پریشاں

دل ہی میں صادقؔ توڑ نہ دیں دم

میری حسرت، میرے ارماں

(1953)

***

جب سے پائی ہے ترے حسن کی دولت اے دوست
چاند تاروں سے نہیں مجھ کو عقیدت اے دوست
چند ایسے بھی مراحل مجھے پیش آئے ہیں
جب محسوس ہوئی تیری ضرورت اے دوست
آبگینوں سے بھی نازک ہے مرا ذوقِ وفا
کچھ سمجھ بوجھ کے ہو مشقِ سیاست اے دوست
اک طرف وسعت کونین کی رنگین کشش
اک طرف ہے مری سادہ سی محبت اے دوست
میرا مسلک ہے محبت کی پرستش صادقؔ
کون سمجھے مرے کردار کی عظمت اے دوست

(1953)

کچھ اس ادا سے آج مرے سامنے وہ آئے
نظروں کے ساتھ ساتھ قدم بھی تو لڑکھڑائے

اس پھول کی حیات بھی ہے عسرت نگاہ
جو کھُل کے ہنس سکے نہ کبھی کھِل کے مسکرائے

اے جذب عشق اس کے تغافل کا کیا علاج
جب میرا نام آئے تو ہر بات بھول جائے

خود پر بھی ہو سکا نہ جہاں دل کو اعتبار
ایسے بھی کچھ مقام مرے راستے میں آئے

اپنا تو کیا، رہے نہ کبھی ان کا بھی خیال
صادقؔ اک ایسا وقت محبت میں آ نہ جائے

(1954)

***

کیسے کہہ دوں حدیث تنہائی
آج پھر ان کی آنکھ بھر آئی
زندگی بن گئی مکمل درد
کتنے غم دے گئی شناسائی
آ گئی کھینچ کے جان ہونٹوں پر
اللہ اللہ یہ غم کی برنائی
وہ بھی کچھ کچھ اداس رہنے لگے
اے خوشا، غم کی کار فرمائی
منزلیں آ گئیں سمٹ کے قریب
شوق نے کی جو ہمت افزائی
کیا کہوں صادقؔ ان سے اپنی نظر
دل کی رو داد کہہ کے پچھتائی

(1954)

***

مژدۂ آمدِ پیغام نے دم توڑ دیا

میری ہر کوشش ناکام نے دم توڑ دیا

جب کہیں زلف رخ دوست کا افسانہ چھڑا

حادثات سحر و شام نے دم توڑ دیا

جب ترے ظلم و ستم کی ہوئی شدت ظاہر

سختی گردش ایام نے دم توڑ دیا

آج کام آ ہی گئی جرأت پرواز مری

تنگ آ کر قفس و دام نے دم توڑ دیا

دب چلی ہے مری آواز مگر اے صادقؔ

یہ غلط ہے سخن عام نے دم توڑ دیا

(1954)

***

تھرتھراتی جو شمع کی لو ہے
زندگی کا حسین پرتو ہے
عیش ہی کو سمجھ نہ اصل حیات
غم بھی اک زندگی کا پرتو ہے
اپنی منزل سے آشنا نہ ہوا
کتنا غافل وفا کا رہرو ہے
جو کو کہتے ہیں کائنات صفات
جلوۂ ذات ہی کا پرتو ہے
کیوں نہ صادقؔ کا ہو کلام بلند
غالبؔ و میرؔ کا یہ پیرو ہے

(1955)

***

نیند اڑی اور جذبے جاگے
سوئے ہوئے سب لمحے جاگے

تو نے چھیڑا ساز جوانی
تانیں چونکیں، نغمے جاگے

صبح سے پہلے صبح ہوئی ہے
پچھلے پہر متوالے جاگے

دور نہ ہو کیوں منزل آخر
سو گئے جب ہم رستے جاگے

ساز جو چھیڑا میں نے صادقؔ
گلشن گلشن غنچے جاگے

(1955)

***

تو نے جب میرا ساتھ چھوڑا ہے
زندگی نے لہو نچوڑا ہے
سینکڑوں جنتیں بکھیری ہیں
دامن عشق جب نچوڑا ہے
چل سکے گا نہ ہم پہ کوئی فریب
ہم نے ہر اک طلسم توڑا ہے
صبر کی انتہا مگر معلوم
ظلم جتنا کریں وہ تھوڑا ہے
کیوں مکدر وہ ہم سے ہوں صادقؔ
ہم نے ہر آئینے کو جوڑا ہے

(1955)

***

چھوٹ کر ان سے کوئی مسئلہ حل ہو نہ سکا
غم دوراں غم جاناں کا بدل ہو نہ سکا
استوار ایسا تھا حسن اور وفا کا رشتہ
حادثے آئے مگر کوئی خلل ہو نہ سکا
پرسش دل میں تو اس نے نہ کمی کی کوئی
پھر بھی شاداب تمنا کا کنول ہو نہ سکا
میں نے خود اپنے لیے ڈھونڈ نکالی منزل
شوق منت کش ارباب و علل ہو نہ سکا

شدت درد سے مجبور کمر ٹوٹ گئی
ہائے بازوئے ستم پھر بھی تو شل ہو نہ سکا
ہر نفس ہم نے عبادت میں گزاری صادقؔ
اپنی بخشش کا مگر کوئی محل ہو نہ سکا

(1956)

***

پناہ وسعت کونین میں بھی پا نہ سکے
وہ حادثے جو مری زندگی پہ چھا نہ سکے

جو تیرے غم کو کبھی زندگی بنا نہ سکے
حقیقتاً وہ مزا زندگی کا پا نہ سکے

وہ پھول ننگ چمن ہے نگاہ گلچیں میں
جسے بہار کی دولت بھی اس آ نہ سکے

بس اتنا یاد ہے ان سے ملائی تھیں نظریں
پھر اس کے بعد کسی سے نظر ملا نہ سکے

میری حیات محبت کی یادگار بنی
وہ رات جس میں ستارے بھی جھلملا نہ سکے

خرد نے سینکڑوں کیں کوششیں مگر صادقؔ
مسائل غم ہستی سمجھ میں آ نہ سکے

(1956)

***

بغیر سعی مسلسل سنور نہیں سکتے
ابھی عوام کے چہرے نکھر نہیں سکتے
ہم اس مقام سے گزرے ہیں راہ غربت سے
جہاں سے اہلِ دول بھی گزر نہیں سکتے
ہمارے عزم میں ہے کوہ کن کا استقلال
ہم امتحان مصائب سے ڈر نہیں سکتے
تری نظر کو دعا دوں کہ نظم عالم کو
وہ زخم دل پہ لگے ہیں جو بھر نہیں سکتے
شکست دل کے ہیں آئینہ دار اے صادقؔ
جو اشک پلکوں سے نیچے اتر نہیں سکتے

(1957)

***

بے سعئ عمل اشک چمن بن نہیں سکتا
تصویر وفا اپنا وطن بن نہیں سکتا
انسان زمانے میں محبت کا نمونہ
بے مرحلۂ دار و رسن بن نہیں سکتا
اک مے کدہ اخلاص و وفا ہی کا بنائیں
مکتب تو لب گنگ و چمن بن نہیں سکتا
موجود کثافت ہو اگر ذہن و نظر میں
دنیا میں محبت کا چلن بن نہیں سکتا
جب تک نہ ہو فکروں میں محبت کی بلندی
آئینۂ اخلاصِ سخن بن نہیں سکتا
آئینۂ باریک پہ نظریں نہ ہوں جس کی
صادقؔ وہ کبھی صاحب فن بن نہیں سکتا

(1957)

***

بدل گئے جو اچانک مزاج قاتل کے
زبان بند ہوئی ہونٹ رہ گئے مل کے
ہوئی ہے ختم جہاں آگہی کی فہمائش
وہیں سے بے خبری نے پتے دئے دل کے
خرد کی راہبری میں تو راستے نہ ملے
جنوں نے ہم کو دکھائے نقوش منزل کے
وہیں ملی مرے عزموں کو پختگی اے دوست
جہاں بھی راہ میں آئے مقام مشکل کے
جو مجھ پہ گزری ہے مجھ سے چھپا نہ سے صادقؔ
مری نگاہ نے دیکھے ہیں رنگ محفل کے

(1957)

***

جب روح کو پرواز کا پیغام ملا ہے
اس وقت وفا کا ہمیں انعام ملا ہے

نظارۂ جاناں تو بڑی چیز ہے لیکن
نظروں کو تماشائے درد بام ملا ہے

قدرت کا یہ انعام نہیں کم کہ نظر کو
آئینۂ حسنِ سحر و شام ملا ہے

ہم جب بھی تلاشِ رہِ محبوب میں نکلے
اک مرحلۂ سخت بہ ہر گام ملا ہے

دل اپنا نہ جان اپنی نہ وہ اپنے ہیں صادقؔ
آغاز محبت کا یہ انجام ملا ہے

(1959)

***

مژدہ تجھے اے حسن نظر ڈھونڈنے والے
نکلے ہیں افق پر نئے سورج کے اُجالے

اظہار غم و کرب ہے توہین محبت
نکلے کوئی آنسو بھی تو پلکوں میں چھپا لے

غربت میں بھی میں ابر کرم بن کے رہوں گا
کام آئیں گے کانٹوں کے مرے پاؤں کے چھالے

پھر گھیر رہا ہے غم دوراں کا اندھیرا
ظاہر ہو کہیں اے غم جاناں کے اُجالے

پیمانۂ صبر آج تو پُر ہو چکا صادقؔ
اٹھ اور عمل و جہد کی تلوار اُٹھا لے

(1961)

***

سکوں سے دور بہت دور زندگی ہے ابھی
ہر ایک بوند لہو کی کراہتی ہے ابھی

وفا کی بات لب شوق پر تو آ ہی گئی
مگر حدیث غم عشق گفتنی ہے ابھی

ہر اہتمام بہاراں کے باوجود وہی
محیط لالۂ و گل اک فسردگی ہے ابھی

بقدر ذوق نہیں رونق بہار چمن
نظر ہر ایک کو حیرت سے دیکھتی ہے ابھی

چراغ کہنہ بجھانے سے فائدہ کیا ہے
نئے چراغ کی لرزیدہ روشنی ہے ابھی

کھلے ہیں مے کدے ہر راہ پر مگر صادقؔ
لب حیات پہ موجود تشنگی ہے ابھی

(1965)

***

چھیڑتا ہے جو کوئی تاج محل کی باتیں
ذہن شاعر پہ ابھرتی ہیں غزل کی باتیں

ہو عروس شب مہتاب جو ظلمت بہ کنار
وہم ہیں اس کے لیے ماہ عسل کی باتیں

خون انساں کو سمجھتے ہیں اساسِ تعمیر
ہیں زمانے سے جدا اہل دول کی باتیں

گوش شنوا ہو تو ہر ذرہ ہمیں کہتا ہے
جہد کی، کوششِ پیہم کی، عمل کی باتیں

انقلابات نے ہر حسن نظر چھین لیا
آپ جو پوچھتی ہے ہم سے کنول کی باتیں

زندگی آئینۂ امن و سکوں تھی صادقؔ
آج اک خواب نظر آتی ہیں کل کی باتیں

(1965)

ہاں دل مبتلا کی قیمت ہے
اک تبسم وفا کی قیمت ہے

تمکنت اور غرور سلطانی
آپ کے نقش پا کی قیمت ہے

زندگی دے کے بھی نہ مول ملی
کتنی اونچی حیا کی قیمت ہے

التفات اور التفاتِ عمیم
اعتبار دعا کی قیمت ہے

اہل بینش پہ کھل چکا ہے یہ راز
زندگی خود فنا کی قیمت ہے

آج کل انجمن میں اے صادقؔ
شاعر خوش نوا کی قیمت ہے

(1966)

***

ہوا ہے کس قدر آج آدمی مفاد پرست
جہاں نشیب دکھائی دیا، لگائی جست
یہ ارتقائے تمدن یہ منظر تہذیب
فقیہ شہر بھی ہے غم بدوش جام بدست
یہ راستوں کی کڑی دھوپ خار زا ماحول
قدم قدم پہ ملے کیوں نہ زندگی کو شکست
ہلاکتوں کو وہ کرتے ہیں اس طرح تقسیم
کہ جیسے چلتا ہے محفل میں جام دست بدست
نوید جرأت بے باک کو ہوائے صادقؔ
جلال سطوت و جبروت کھا رہا ہے شکست

(1967)

***

ہے سر بسر غلط کہ پتہ دار لٹ گئی
جنس حیات تو سر بازار لٹ گئی

کیا فائدہ سجاؤں وہاں میں دوکان شوق
جس بھیڑ میں متاع خریدار لٹ گئی

کتنی بڑھی ہوئی ہے ہوس کی درندگی
سرخی ابھرتے ہی سر رخسار لٹ گئی

اب گمرہیِ عقل کے ماتم سے کیا وصول
مدت ہوئی وہ دولت بیدار لٹ گئی

صادقؔ خدا بچائے حریفان عقل سے
لب تک نہ آنے پائی کہ گفتار لٹ گئی

(1968)

***

مری حیات کو گم گشتہ خواب مل جائیں
گلاب تیرے تبسم کے کاش کھل جائیں

تمہاری زلف کبھی عارضوں کے گلشن پر
اگر ہو سایہ فگن، دونوں وقت مل جائیں

تم احتیاط نہ برتو اگر محبت میں
تمام کہنہ رواجوں کے ہونٹ سل جائیں

بجا کہ ترک تعلق مرا شعار نہیں
مگر جب آپ ہی اس کے ستون ہل جائیں

اداس اور بہت ہی اداس ہے صادقؔ
کہیں سے کاش ان آنکھوں کے پھول مل جائیں

(1968)

***

میداں میں کڑی دھوپ ہے کمروں میں اُمس ہے
ہر ایک جگہ میرے لیے شعلہ نفس ہے
موسم کی صدا کھینچ رہی ہے سوئے منزل
پتوں کا کھڑکنا مجھے آواز جرس ہے
یہ تیرا کرم ہے کہ ستم سوچ رہا ہوں
جذبات نم آلودہ ہے احساس میں رس ہے
مفلوج تھا جو عصمت اخلاق سے کل تک
سرگرم عمل آج وہی دست ہوس ہے

ہوتے رہیں غم اور مسرت متصادم
میرے لیے آئینۂ احساس ہی بس ہے
پستی میں ہیں پھیلے ہوئے تاریک خرابات
اونچائی پہ روشن کسی معبد کا عکس ہے
(1969)

★★★

آسودگان وقت کا ہر زور گھٹ گیا
آواز سے ضمیر کی تختہ الٹ گیا

تانا تھا ایک پردۂ تیرہ ہواؤں میں
نکلی وہ تیز دھوپ کہ بادل سا چھٹ گیا

ہر شہسوار بھول گیا اپنے داؤ پیچ
اک مرد پختہ کار جو میداں میں ڈٹ گیا

وہ دائرہ جو شرق سے تا غرب تھا محیط
اک مختصر سے نقطہ پر آ کر سمٹ گیا

باقی کہیں رہی ہی نہیں اجتماعیت
شیرازہ منتشر ہوا خانوں میں بٹ گیا

چھوڑی ڈگر جب اپنی تو راہیں نئی کھلیں
ہر سنگ خار آپ ہی رستے سے ہٹ گیا

(1969)

***

حصار وقت پہ بھر پور ایک وار لگا
پھر اپنی ذات کی تعمیر کا شمار لگا
وہ کم نگاہ محبت شناس کیا ہوں گے
ہمارا شعلۂ دل بھی جنہیں غبار لگا
ہم اہل شوق ہیں اظہار حق کے دیوانے
ہمارے مد مقابل ستون دار لگا
گلوں کے چہروں پہ رقصاں ہیں خون کی موجیں
یہ ہے بہار تو اندازۂ بہار لگا
کچھ ایسے نقش بھی صادق کہ وہ بھی کہہ اٹھیں
تری غزل کا ہر ایک شعر شاہکار لگا

(1970)

***

امکاں اساس نو کا مگر کم سے کم تو ہے
مٹی ابھی ہمارے خرابے کی نم تو ہے

آئیں ہزار کوہ تو اس کا نہیں ہے غم
کچھ مرحلہ ہو عزم کے تیشے میں دم تو ہے

ٹھکرائے لاکھ ہم کو ہر اک شہر انبساط
تسکینِ دل کے واسطے صحرائے غم تو ہے

آنسو امڈنے پر بھی نہ دل کو ملا سکون
اب تک وہی شرارہ حدِّ اتم تو ہے

ہر قید و بند توڑ چکا دست ارتقا
لیکن وہی کشاکش دیر و حرم تو ہے

صادقؔ یہ دیکھ دیکھ کے ہوتا ہوں مطمئن
موج سخن پہ نام مرا بھی رقم تو ہے

(1972)

***

تمہارا ساتھ کبھی یوں بھی چھوٹ جاتا ہے
ستارہ پچھلے پہر جیسے ٹوٹ جاتا ہے
بناؤ تم مرے دل کو ذریعۂ تزئین
کہ آئینہ تو بہر حال ٹوٹ جاتا ہے
دیارِ غم میں بجھانے کو پیاس کانٹوں کی
ہمارے پاؤں کا چھالا ہی پھوٹ جاتا ہے
حصارِ جسم ہو مضبوط کتنا ہی لیکن
پلک جھپکتے ہی سب ٹوٹ پھوٹ جاتا ہے

بیان و لفظ کا وہ پُل جو تم بناتے ہو
نظر کے تیشے سے اک پَل میں ٹوٹ جاتا ہے
سکوں کے ساتھ گزرتی ہے شب مگر صادقؔ
نگار صبح مرے ہوش لوٹ جاتا ہے

(1972)

***

زندگی کو ہمہ فردوس بنائے رہیئے
وہیں مل جائیں جہاں زلف کے سائے، رہیئے
لمس ہاتھوں کا ہو ہونٹوں کا ہو یا آنکھوں کا
شرط عفت ہے یہی خود کو بچائے رکھیئے
حرف پاکیزگیِ عشق پہ آئے نہ کہیں
وہ مقابل ہوں تو نظروں کو جھکائے رہیئے
گرم تپتے ہوئے سورج کی تمازت معلوم
ان کی یادوں کا علم سر پہ اٹھائے رہیئے
ظلم ہو جو رہو بیداد ہو یا تیغ ستم
کچھ ہو سچائی کی آواز اٹھائے رہیئے
غم ہو یا عیش ہر اک حال میں رہ کر صادقؔ
زندگی بار امانت ہے اٹھائے رہیئے

(1974)

***

حیاتِ لمسِ جواں سے بدن بدن نکھرے
کہ جیسے موسم گل میں چمن چمن نکھرے
نظر جمے تو نشیب و فراز ہستی پر
روش روش ہو مزین گگن گگن نکھرے
لب وفا کو جو موقع ہو چہرہ بوسی کا
ہو آنکھ گلابی دہن دہن نکھرے
قضاء و قدر کا ہو معترف اگر انساں
پس وفات لحد میں کفن کفن نکھرے
ترا اشارہ میسّر جو ہو تخیّل کو
ہو لفظ لفظ شگفتہ سخن سخن نکھرے
بڑھے تو حق پہ کوئی جان دینے اے صادقؔ
ہر ایک دار بنے گل، رسن رسن نکھرے

(1976)

نقوش منتشر

(متفرق اشعار کلام منسوخ سے)

تمہاری کیا حقیقت کانپ اٹھے گا عرش اعظم بھی
اگر آ جائے گا سجدوں کو نقش آستاں ہونا

***

کس نے جواں نگاہ سے دیکھا مری طرف
ہر ذرہ میری خاک کا پر نور ہو گیا
اک داغ کیا مٹا کہ مٹی دل کی روشنی
تھا اک چراغ وہ بھی تو بے نور ہو گیا

***

منظر فطرت ہے جویائے نگاہ آتشیں
جوش پر ہے موج دریا کی روانی آج کل

ہو بھلا ان کے خدنگ بے کماں کا جو مجھے
ہے یسر تیر کی سی ناتوانی آج کل

***

میں چاہتا ہوں ایک محبت بھری نظر
ممکن نہ ہو جو یہ بھی، تو اچھا، نہ کیجیے

***

کچھ تو سبب ہے شاید پس ماندہ ہوں میں ورنہ
ہر ذرہ خاک دل کا سالار کارواں ہے

***

تارے چمک رہے ہیں غنچے چٹک رہے ہیں
یہ کس کی چشم نم سے اشک الم رواں ہے

***

ہر ہر قدم پہ نقش وفا دیکھتا ہوں میں
اے ذوق دید آج کہاں آ گیا ہوں میں
ہر ذرے میں ہے خون تمنائے رنگ رنگ
کیا قتل گاہ دل کے قریب آ گیا ہوں میں

***

صادقؔ کا وجود اے دل کیا پوچھتا ہے مجھ سے
اس عالم فانی کا اک نقشۂ ثانی ہے

***

جسے چاہتا ہوں میں ہم نشیں وہ مری نگاہ کے ہے قریں
کرے ذوق دید سے پوچھ لے جو حریف پردہ راز ہے

***

ہر خار مغیلاں سے مدد لیتا ہوں لیکن
حیرت ہے مری آبلہ پائی نہیں جاتی

***

غیر ممکن ہے کہ سر سبز ہو نخل امید
جب خزاں آتی نو کشت غم جاں سوکھ گئی
قلب میں آگ نہ لگ جانے یہی ڈر ہے مجھے
آبجو تیری جو اے اشک رواں سوکھ گئی
ایک دن وادی غربت میں مجھے اے صادقؔ
تشنگی یاد جو آئی تو زباں سوکھ گئی

***

خود دشت نوردی تھی منظور مجھے صادقؔ
ہر رہبر منزل کو رستے ہی میں چھوڑ آیا

***

الٰہی خیر ہو لُٹتی ہے دنیا میری آنکھوں کی
سر نوک مژہ پھر گوہر یک دانہ آتا ہے

***

محبت زمیں پر محبت فلک پر محبت کا ہے فیض دنیا میں گھر گھر
محبت کا طالب محبت ہی بن کر محبت بھری زندگی چاہتا ہے

***

آئینہ کو ہے ضروری آئینہ بیں کی نظر
نقش صادقؔ چاہیے ہر نقش باطل کے قریب

***

سوز سے کام لے ذرا اپنی وفا کر استوار
شمع کے ساتھ خود پگھل شمع کو مرتعش نہ دیکھ

***

مایوس آرزوئیں صادقؔ تڑپ رہی ہیں
آنے کو چین آیا اور بار بار آیا

***

صادقؔ بنا دیا مجھے ان کی نگاہ نے
اور میں سمجھ رہا تھا کہ ٹھکرا دیا مجھے

***

عجیب منظر سینہ فگار دیکھا ہے
نگاہ حسن کو اختر شمار دیکھا ہے
خود اپنا دیدۂ تر یاد آ گیا مجھ کو
ہر اک ستارے کو جب اشک بار دیکھا ہے

***

جز اک اللہ تیری نغمہ ریزی
ترنم ہی ترنم دیکھتا ہوں

***

شعریت کو شباب کہتا ہوں
خود کو ان کا جواب کہتا ہوں

***

آ اے غم ناکامی کچھ تجھ سے کریں باتیں
شاید تو ہی سمجھا دے بھولی ہوئی سب گھاتیں

اب کون ہے محفل میں جو ان کو رلائے گا
صادقؔ ہی کے دم سے تھیں وہ درد بھری راتیں

***

اے روح انبساط ادھر آ ترے لیے
مدت سے وا ہے دل کا دریچا ترے لیے
ناخن سے اپنے چھیڑ دے آ کر رباب دل
ڈوبی ہوئی ہے نبضِ تمنا ترے لیے

***

تمہاری نبض پہ ہیں انگلیاں سیاست کی
یہ کیسا الٹا تماشہ دکھا رہے ہو تم

***

آغاز عشق ہی سے ہے انجام پر نظر
دنیا تجھے فریب دیئے جا رہا ہوں میں

***

نشاطِ زیست کو تو خاک میں ملا کے نہ جا
جو آ گیا ہے مرے پاس اب تو آ کے نہ جا
ہر ایک گام پہ اک دل ہے آرزو بر کف
ہر اک گام پہ دامن بچا بچا کے نہ جا

***

رویا ہوں ہجرِ دوست میں اکثر تمام رات
تارو! تمہیں گواہ کیے جا رہا ہوں میں
جس کو تلاش کرتی ہے دنیا، ہے میرا عکس
وہ ان کا عکس ہے کہ جسے ڈھونڈھتا ہوں میں
مجھ کو سمجھ سکے گا نہ کوئی جہان میں
سازِ گداز عشق کی مبہم صدا ہوں میں

***

دیدۂ حسن کا اک اشک لطیف
عشق کا خوں بہا نہ ہو جائے
کیا زمانہ ہے یہ بھی اے صادقؔ
کہیں بندہ خدا نہ ہو جائے
***

عرش تک آج آ گیا صادقؔ
اپنے شہپر کو دیکھتا ہوں میں
***

شکستہ پا مسافر ہوں، مرا کیا پوچھنا، مجھ کو
ذرا سا راستہ ایک ایک منزل ہوتا جاتا ہے
***

مبارک ہو تجھے اے خود فراموشی مبارک ہو
کہ ہر لغزش پہ قربِ دوست حاصل ہوتا جاتا ہے

***

شکوہ ہو تری نیم نگاہی کا مجھے کیا
میں اپنا ہی دل اپنا جگر دیکھ رہا ہوں
اللہ رے یہ نیم شبی آہ کی تاثیر
چاک آج گریبان سحر دیکھ رہا ہوں

***

رودادِ ہجرِ دوست سناتا رہا ہوں میں
تا صبح آسماں کو رلاتا رہا ہوں میں

***

سینکڑوں تیر آہ، پھر بھی فلک
تیرا سینہ فگار ہی نہ ہوا
ہم بھی کر بیٹھتے کوئی نالہ
دل پر آج اختیار ہی نہ ہوا
***

بس اے خیالِ دوست، تو ہی کہہ، کہ وہ ہمیں
بھولے ہوئے سے ہیں کہ بھلائے ہوئے سے ہیں
ایجاد کیجے اور کوئی طرزِ دلبری
یہ شعبدے تو ہم کو دکھائے ہوئے سے ہیں
***

زہے مشقِ تصور، زندہ باد اے دل کے کاشانے

انھیں ان کی بھی نظروں سے چھپا کر ہم نے دیکھا ہے

نظر جب جھک گئی ہے امتحانِ دید میں صادق

دلِ حسرت فزا کو آزما کر ہم نے دیکھا ہے

***

کیسی کشتی، کیسا طوفاں، کیا خیالِ ناخدا

ناخدا کو ساتھ لے کر دوب جانا چاہیئے

***

وہ تو یوں کہیے کہ ان کی یاد نے کی رہبری

ورنہ میں غافل کہاں، اور جادۂ منزل کہاں

***

خود کردۂ خلش کی ہے بے کیف زندگی

مے خانۂ نشاط سے نشتر اٹھا تو لا

***

جب ہوا حسن خواب سے بیدار

فطرتِ ذوقِ دید سو ہی گئی

صادق ایک اک نفس کو ان کی یاد

شوق کی موج میں ڈبو ہی گئی

***

جلا کے دل مجھے مجبور گریہ کرتے ہو

لگا کے آگ کہیں یوں بجھائی جاتی ہے

***

جنوں کا ابھی کوئی درماں نہ کیجے
ابھی مسکرانے کو جی چاہتا ہے
مبارک غمِ جاودانی مبارک
نہیں بھول جانے کو جی چاہتا ہے

***

ہر نفس ذکر ترا، تیری طلب، تیرا خیال
زندگی عین محبت کے سوا کچھ بھی نہیں

***

خوش ہو اے بخت کہ امید کی کرنیں پھوٹیں
مژدہ اے دل کہ شب غم کی سحر ہوتی ہے

***

چلا ہوں راہ محبت میں لے کے ان کا نام
قدم قدم پہ سناتا ہے غم خوشی کا پیام
زمین پھیل رہی تھی بقدر وسعت شوق
تری تلاش میں رکھا تھا میں نے پہلا گام

***

میں تو آمادہ نہ تھا شکوۂ غم پر لیکن
دل نے مجبور کیا سلسلہ جنباں ہو کر
جان کھو کر بھی نہ پایا تری منزل کا نشاں
کس قدر دور ہے تو قرب رگ جاں ہو کر

***

نہ ہو سکا کوئی اسرار زندگی کا حریف
نشاط و غم کی حقیقت نہ کھل سکی اب تک
خزاں نے کر دیا برباد باغ دل لیکن
گلوں میں ڈھونڈھ رہا ہوں شگفتگی اب تک

***

آئی نہ اس طرف کوئی موج جنوں نواز
بیٹھے رہے ہم اپنا گریباں لیے ہوئے

***

مری خاک میں بھی وہ ذرّے ہیں جن سے
ضیائے دو عالم بنائی گئی ہے

***

عشق کی لذت محبوب کہیں کیا صادقؔ
غیر بھی مانگ رہے ہیں غم پنہاں مجھ سے

***

نہیں ممکن کہ طوفانوں سے ٹکرایا کرے پیہم
حریف موج بے تابی کنارہ ہو نہیں سکتا
نکل آتے ہیں آنسو آنکھ سے اے ذوق نظارہ
مقابل بدر کامل کے ستارہ ہو نہیں سکتا

***

ہیں اپنی اپنی جگہ دونوں عشق میں سوزاں
وہ شمع کعبہ ہو یا ہو چراغ بت خانہ

***

کانپ اٹھتی ہے عشق کی دنیا
حسن جس وقت مسکراتا ہے
لطف جب ہے کہ وہ کہیں صادقؔ
تیرا ہر شعر یاد آتا ہے

***

ارماں تھمے ہیں تمنا رکی رکی
دل کہہ رہا ہے آج کوئی مجھ سے دور ہے

***

جہانِ آرزو میں انقلابی لہر دوڑا دی
ہوا پیدا کوئی نغمہ جو ساز دل کے تاروں سے

***

اوائے حسن کی معصومیت چمک اٹھے

سر نیاز جھکا دو جو پائے قاتل پر

ازل سے چاند ستاروں میں جن کا چرچا تھا

سنا رہا ہوں وہ نغمات بربطِ دل پر

***

جو ملنا ہے وہ مل جائے گا تیرے آستانے سے

ہر اک در پر ہمیں تو ہاتھ پھیلانا نہیں آتا

***

نہ کوئی تجھ سا نہ کوئی مجھ سا نہ تیرا ثانی نہ میرا ثانی

تری محبت سے ہو رہی ہے مری محبت کی ترجمانی

***

عشق کو یہ کام کرنا چاہیئے
حسن سے ٹکرا کے مرنا چاہیئے
ہو چکے ہوں جب مقدر حادثے
اپنے سائے سے بھی ڈرنا چاہیئے

***

وہ دل داغدار دیکھیں گے
عشق کی یادگار دیکھیں گے
شبنمی ہو رہی ہیں وہ آنکھیں
آنسوؤں کی بہار دیکھیں گے

***

ادا چھپ چھپ کے مجھ کو دیکھنے کی
نگاہوں میں سما کر رہ گئی ہے

***

نہیں معلوم کب بجلی گری تھی دل کی بستی پر
دھواں دیتا ہے لیکن آرزوؤں کا مزار اب تک
ترے رنگیں تبسم سے تراشا تھا جسے میں نے
وہ خاکہ آئینہ خانے کا ہے اک شاہکار اب تک

***

راہبر کچھ بھی سمجھتا ہو مگر اے صادقؔ
ہم بھٹکنے پہ بھی منزل کا پتا دیتے ہیں

***

تو اگر ہو پاس تو ہر خار و خس ہو گل بدوش

گلستاں کا گلستاں ہے خار و خس تیرے بغیر

***

تری تلاش ہے تجھ کو ہی ڈھونڈھتا ہوں میں
قدم کے نیچے تیری رہگزر نہیں، نہ سہی

***

اپنا دل تو کیا ملتا
زلفیں الجھیں شانے سے
اک دن چھینی جائے گی
سرخی بھی افسانے سے

***

پھول کھل اٹھے ڈگر ڈگر پر

سن کر ترے پاؤں کی آہٹ
ارماں مٹ کر دل کا عالم
سونا سونا جیسے پن گھٹ
ڈھونڈھنے پر بھی مل نہ سکے گا
صادقؔ جیسا شاعر* منہ پھٹ

***

*بچپن میں ہم لوگوں نے بیت بازی کے لیے والد مرحوم کی 1957 کی یہ غزل یاد کر رکھی تھی۔ اور مجھے اس شعر کا مصرع ثانی جس طرح یاد ہے، اس میں 'شاعر' کی جگہ لفظ 'انساں' ہے۔ ویسے اس میں کوئی دو رائے نہیں کہ مرحوم جیسا صاف گو اور منہ پھٹ شخص نایاب نہ ہو کم یاب ضرور ہے۔ کلام 'منسوخ' کی بیاض میں مگر ان کی ہی تحریر میں اس شعر میں لفظ 'شاعر' ملتا ہے اس لیے تبدیل نہیں کر رہا ہوں۔ ا۔ ع

***

حسرتوں کی آس ارمانوں کا خون
آنسوؤں کے رنگ میں کیا کیا نہ تھا
پھر کوئی تازہ ستم ہونے کو ہے
دل کبھی اس زور سے دھڑکا نہ تھا

***

جب عاشقی جنون کی حد سے گزر گئی
ہر آرزوئے مردہ کی عقبیٰ سنور گئی
صادقؔ دیار دوست میں موت آ گئی مجھے
قسمت پہ ناز کر تری مٹی سدھر گئی

***

آبلے دل کے، زخم آنکھوں کے
ہیں یہ سب گل ترے کھلائے ہوئے

***

ہر اک نہال وفا کو کریں گے غیرت باغ
بھرا ہے خون سے جب تک ہمارے دل کا ایاغ
خرد نے روکنا چاہا تھا ہر قدم پہ مگر
جنوں الٹتا گیا ہر بساط گلشن و راغ
کوئی سنے نہ سنے اس کا غم نہیں صادقؔ
ہے میرا کام تو رمز حیات کا ابلاغ

***

زلف ہستی کو جو سلجھاتی ہے مشاطۂ وقت
یک بہ یک بل مری تقدیر کے کھل جاتے ہیں

***

حق کے لیے ملے ستم و قہر تک مجھے
سقراط بن کے پینا پڑا زہر تک مجھے

صادقؔ دیارِ غیر میں شاید کرے قبول
برداشت کر سکا نہ مرا شہر تک مجھے

***

زیست کے دشت میں جو خندہ نما ہوتے ہیں
وہ ہماری ہی طرح آبلہ پا ہوتے ہیں
جن اجالوں میں کہ ہوتی ہے ہوس کی تکمیل
وہ اجالے ہی اندھیروں کی ردا ہوتے ہیں

***

کتنے پانی میں ہیں کچھ اس کا بھی اندازہ کریں
آئیں کچھ چھیڑ ہو آئینۂ ایام کے ساتھ
صفحۂ دہر پہ قائم نہ رہے میرا وجود

ایک خط کھینچ دیا اس نے مرے نام کے ساتھ

***

ربط باہم کا ہے یہ کرشمہ یا وہ خود منفعل ہو گئے ہیں
دور سے بازگشتِ وفا میں ان کی آواز آنے لگی ہے
مژدہ اے جستجوئے مسلسل راہ کی سختیاں ہوگئیں شل
بڑھ کے خود منزل کامیابی راہ رو کو بلانے لگی ہے

***

ٹائپنگ : مخدوم محی الدین

پروف ریڈنگ، ای بک کی تشکیل : اعجاز عبید